Lo que se está comentando sobre Guy Clapperton y Philip Vanhoutte:

«Guy, un ponente dinámico y muy entusiasta, ofrece una perspectiva única sobre el trabajo colaborativo y facilita una visión amplia para una propuesta compleja que presenta de una forma fácil de comprender. Su enfoque innovador sobre comunicación unificada y colaboración cuenta con un toque humorístico».

— Doron Youngerwood,
Gerente de Marketing – Colaboración, Dimension Data

«Guy es uno de los ponentes más expertos y entusiastas en materia de comunicación y colaboración. Dio un discurso en el último evento que organizamos y fue la persona ideal para definir el escenario y conseguir que nuestro evento sobre colaboración comenzara con buen pie».

— Annekathrin Hase, Directora,
Estrategia y Marketing – Mindlink Software

«Philip ha recibido el premio en reconocimiento a su carrera profesional de la CCA, el CCA Lifetime Achievement Award, por su importante contribución al desarrollo de una visión estratégica sobre el centro de contacto y el trabajador del conocimiento del futuro»

— Anne Marie Forsyth, Directora General, CCA

«Philip Vanhoutte se encuentra a la vanguardia de la mejora de las condiciones de los trabajadores para hacer prosperar el negocio. Los principios generales de su filosofía laboral son ofrecer libertad a los empleados para trabajar dónde y cuándo quieran, siempre que consigan resultados, no generen costes y sean respetuosos con el medio ambiente».

— César Concepción Salza, editor, zonamovilidad.com (Spain)

SUNMAKERS

Guy Clapperton
y Philip Vanhoutte

MANIFIESTO PARA
TRABAJAR DE FORMA MÁS INTELIGENTE

¿Cuándo, dónde y cómo trabaja mejor?

☀SUNMAKERS

Texto ©2014 Guy Clapperton y Philip Vanhoutte

MANIFIESTO PARA
TRABAJAR DE FORMA MÁS INTELIGENTE
¿Cuándo, dónde y cómo trabaja mejor?

Publicación de Sunmakers, departamento
de Eldamar Ltd, 157 Oxford Road, Cowley,
Oxford, OX4 2ES, UK www.sunmakers.co.uk
Tel.: +44(0)1865 779944

Versión 1.0

Diseño de Ayd Instone
Ilustraciones de Simon Ellinas, cartoonsimon.com
Editado por Louise Bolotin
Fotografías de SaturEyes

ISBN: 978-1-908693-18-1

www.smarterworkingmanifesto.com

Para todo el movimiento por una forma de trabajo más
inteligente, ¡y para todos los que quieran unirse!

ahora problema
adecuado idea sociales
organización utilizar
afirma
tareas Philip
redes confianza
organizaciones Puede trata
todas
acústica espacios Leeson sino Plantronics Reino
ofrece The tipo posible
situación personas
menos ir nivel mismo
momento debe gestión hablar
trabajadores oficina directivos
ordenador compañeros resulta personal
tener solo

trabajo

Unido ver Coplin
puesto
cómo hora cara buena espacio
oficinas Si mundo ejemplo cada
incluso
función ruido cambio importantes
distancia trabajar flexible reuniones
diferentes trabajador aunque entorno algún realmente
empresas forma resultados
recursos conseguir
empresa mesa mayor
ofrecer elementos empleados trabajan
hacer ser tan persona comunicación
medida voz
dentro si puede cuenta
así siempre gran
quieren inteligente necesita
hecho laboral quiere
correo libro lugares embargo día
autores
instalaciones equipo Guy pueden usted
elegir trabaja tarea
hace bien tecnología calidad
vida colaboración dos muchas
punto importante alguien
vez tiempo profesional
gente poder móvil cambios
casa sistema
años clientes
deben mejor reunión
cosas actividades

Agradecimientos

Estaría bien poder decir que este libro surgió solc, que sus autores, Guy y Philip, se reunieron, juntaron sus recursos y que todo salió exclusivamente de sus cabezas. Sin duda, esto no serían más que bobadas.

Por mi parte, la idea de este libro surgió en una visita a Plantronics como editor de Unified Communications Insight (UCInsight.com), la revista electrónica quincenal que respalda el Connected Business Show (antes llamado UC Expo) organizado por Imago en Londres. Me gustaría dar las gracias a Mike England, mi contacto principal en Imago Tech media y quien organizó el viaje (un buen tipo con el que trabajar), y a los propietarios, Hugh Keeble y Mark Steele, a los que conozco desde hace (carraspeo años. Me impresionó la organización de Plantronics, completamente diferente a todo lo que había visto hasta entonces. El Director General, Paul Clark, me ofreció amablemente su ayuda si conseguía encontrar un editor para un libro sobre trabajar de forma más inteligente, algo que llevo años intentando como autónomo.

De aquí es de dondə viene el primer impulso por mi parte, aunque ya llevaba años escribiendo empleo y lugares de trabajo, así como sobre tecno ogías laborales. Me gustaría dar las gracias a Vic Keegan, Neil McIntosh y Jack Schofield, quienes antes trabajaban para el periódico The Guardian, por haberme facilitado un lugar en el que construir una década o más de trabajo sobre este tema, y más recientemente a Alison Margiotta, de la misma publicación, por haber seguido pidiéndome que escriba sobre ello hasta hoy.

Además de The Guardian, Richard Tyler de The Telegraph y varios responsables de edición de The Times, Independent y otras muchas publicaciones me han permitido mantenerme activo y actualizado en relación con este tema que tan rápido evoluciona.

Estaba preparando mi propuesta para el libro cuando recibí una de esas llamadas inesperadas de una compañera con la que trabajo desde hace tiempo, Paris Welton de Connected PR. Plantronics era uno de sus clientes, aunque no sabía que yo había estado en la oficina de Royal Wootton Bassett. Puesto que ya habíamos colaborado previamente y era consciente de mi conocimiento sobre el tema, me llamaba para proponerme coescribir el mismo libro que yo estaba planeando junto con el Vicepresidente de Plantronics, Philip Vanhoutte (quien, al no vivir en el Reino Unido, tampoco estaba al corriente de que yo ya tenía este proyecto en mente). De hecho, dejaron muy claro que no sería una obra de Plantronics, sino un libro independiente, y este fue el proyecto en el que nos embarcamos.

No ha pasado ni un año y ya tengo delante de mí el libro acabado, ¡qué ilusión! Quisiera dar las gracias a Paris por haberme vuelto a presentar a Philip y por haberme permitido participar en un libro de una calidad mucho superior a la que habría conseguido yo, pero sobre todo por haber dirigido nuestro proyecto como escritores. Cuando se coescribe un libro, ¡siempre hay que tener a alguien que se encargue de darte una patada en el trasero de vez en cuando! Louise Bolotin ha sido una correctora fantástica y Ayd Instone es un diseñador literario excelente. Tiffany Kemp (Devant.co.uk) ha realizado un trabajo brillante de preparación y análisis de nuestro acuerdo y contrato de autoría..

También me gustaría dar las gracias a todos aquellos que prestaron parte de su tiempo para las entrevistas y revisaron las citas. De Plantronics contamos con la colaboración de Tony Williams, Norma Pearce y George Coffin, y externamente con la de Andy Lake, MarkMobach, Colin Rawlings, Annie Leeson, Luis Suárez, Dave Coplin, Julian Treasure, Richard Leyland, Louis Lhoest, Lynda Shaw y Tim Oldman. Con algunos no pudimos hacer coincidir los horarios, ¿para una segunda edición tal vez? Y, por supuesto, tengo que darles la gracias a mi mujer Carol y a mi hija Charlotte, por su infinita paciencia y por no reírse a carcajadas cuando les dije que estaba coescribiendo un libro en el que se habla del equilibrio entre el trabajo y la vida a cualquier nivel.

Pero mi agradecimiento principal es para Philip Vanhoutte, quien aceptó trabajar conmigo, se mantuvo a mi lado y, lo que es más importante, aplicó en la vida real los principios y prácticas que analizamos en este libro. Por este motivo, además de por su conocimiento enciclopédico sobre la materia, sus contactos y su predisposición para dejar su considerable influencia industrial de lado, este libro es 100 veces el que yo tenía en mente el día que visité la oficina, que ahora parece tan lejano. Gracias a todos, espero que el resultado sea de utilidad.

— Guy Clapperton

Lo que está a punto de leer son los resultados de un viaje que contó con muchas ideas, investigación, confianza y un gran entusiasmo, y al final del cual se dejó todo por escrito (o en la pantalla). Obviamente, no se trata de un viaje en solitario, y por ello quisiera dar las gracias a algunos de los compañeros que me han ayudado a que esto haya sido posible.

En primer lugar, quisiera dar las gracias a mi coautor, Guy Clapperton. Ha sido un placer trabajar con un experimentado artesano de las palabras con una visión compartida sobre cómo trabajar de forma más inteligente. Asimismo, me gustaría agradecer a Philip Ross y Jeremy Myerson sus conferencias WorkTECH, pues me sirvieron como inspiración en el ámbito multidisciplinario del trabajo más inteligente (¡yo me sentía como un niño en una juguetería!). Tim Oldman y Annie Leeson ofrecieron una visión en profundidad a través de una investigación revolucionaria que dio forma al historial de las técnicas de trabajo de forma más inteligente de Plantronics.

Paris Welton, Liz Barber y Lisa Woodruff me ayudaron a cumplir los plazos gracias a su organización y apoyo energéticos. En cuanto al equipo de Plantronics para Europa y África, un laboratorio con vida propia sobre trabajar de forma más inteligente, ha sido un placer dirigir y trabajar con un equipo tan apasionado. No cabe duda de que mi jefe, Ken Kannappan, me ha ofrecido constantemente apoyo y libertad para encontrar nuevos entornos laborales atractivos y colaborativos.

Por último, aunque no por ello menos importante, me gustaría dar las gracias a mi familia, a mi mujer Rosemie, que me permite sumergirme por completo en mi pasión por el trabajo más inteligente. Este libro está dedicado a Jan, Piet y Cindy, que espero puedan ver sus sueños hechos realidad al trabajar de forma más inteligente.

— Philip Vanhoutte

Índice

PROLOGO

Francisco Vazquez Medem, Presidente 3GOffice

Me pareció una idea fantástica cuando Philip Vanhoutte me propuso traducir el libro al castellano y más aún el poder hacer un prólogo para la versión castellana del libro ya que, no solo soy un auténtico convencido del concepto de SMART working sino que además en mi actividad diaria me dedico como consultor a ayudar a empresas a transitar de forma ordenada hacia estos 'nuevos' modelos de trabajo, de manera que se aprovechen las grandes ventajas que supone tanto para las empresas como para los empleados.

El modelo de trabajo en movilidad, trabajo flexible o trabajo inteligente (SMART WORKING) es el presente, no es el futuro, es una nueva manera de entender el mundo del trabajo que debemos de aceptar y conocer, tanto empresas como trabajadores, por esto creo que es importante la publicación de libros como el que tienes en tu mano. Un Manifiesto que te dará las pautas de los nuevos modelos de trabajo y que estoy seguro ayudara a empresas y personas a entender mejor esta realidad.

Para mi el concepto de SMART working forma ya parte de mi vida diaria, como Presidente y dueño de una de una consultora internacional, y, aunque vivo en Europa, en Madrid, mis responsabilidades en otros países, principalmente Latinoamérica, hace que mi jornada laboral comience de manera normal en España y se "extienda" por la tarde hasta altas horas de la noche por la diferencia horaria con Latinoamérica.

Vivimos pues en un mundo cada vez mas Global, lo que nos lleva, permitido en gran medida por la tecnología, a estar permanentemente conectados (concepto 24/365), lo que, sino sabemos manejar correctamente esta realidad nos convierte fácilmente en adictos al trabajo, lo que se ha denominado "workcoholic". Así pues, el concepto tradicional, que arranca desde la era industrial, de "horario de trabajo", de separación entre vida laboral y personal esta cambiando por la intrusion de la tecnología en nuestra vida diaria y no se puede aceptar que cambie solo a favor de las empresas, lo que en mi generación (los babyboomers) condujo ya hace años a la aparición del problema de los "workcoholics", es decir, trabajadores permanentemente conectados, no dejando espacio para la vida personal, y que ha conducido a tantos y tantos fracasos matrimoniales. Esta realidad de conexión de manera permanente con el trabajo es algo que las nuevas generaciones, los llamados nativos digitales, viven con mucha mas normalidad, pues para ellos no existen esos limites entre trabajo y vida personal. Aparece así, el concepto de SMART worker frente a los STUPID workers o " workcoholics" de mi generación. Smart worker o trabajador inteligente seria aquel que encuentra un equilibrio adecuado entre su vida personal y laboral. La búsqueda de este equilibrio no es fácil, de ahi la necesidad de este tipo de libros, sobre todo para las generaciones mas mayores, pues nos supone un mayor esfuerzo ya que llevamos muchos años trabajando de una determinada manera. Ahora es preciso que las empresas entiendan también esta nueva realidad.

Mi acercamiento profesional hacia el SMART working viene del mundo de la Arquitectura, cuando termine la carrera comencé a trabajar en una empresa especializada en el diseño de oficinas, luego mi afán por ir más allá de la arquitectura, me llevo a crear mi propia empresa con una especialización hacia el diseño de espacios corporativos incluyendo conceptos como funcionalidad, retención del talento, flexibilidad, sostenibilidad, productividad o conciliación. Aspectos poco habituales hasta la fecha en el mundo del diseño de espacios corporativos, donde privaban otros como el status, la jerarquía o la desconfianza. Desde este acercamiento como arquitecto de espacios corporativos he visto como los espacios que diseñábamos, que se correspondían a un modelo tradicional, que proviene de la era industrial, donde mi puesto de trabajo estaba donde estaba la maquina, en este caso el ordenador. Muchas empresas siguen todavía asignando espacios de trabajo en propiedad a cada empleado de acuerdo a su jerarquía, cuando es una realidad (animo al lector a hacer la medición en su empresa) que el 50% de esos puestos de trabajo tradicionalmente asignados se encuentran permanentemente vacíos, lo cual es una clara prueba de la realidad del trabajo en movilidad y de la necesidad de modificar el diseño de los espacios corporativos. Pero ademas, no solo no es mas costoso pues un 50% del espacio esta permanentemente vacío, sino que no tiene un diseño adecuado y muchas veces el espacio supone un obstáculo para la productividad, pues no ayuda a aspectos tan presentes hoy día como: la retención del talento, la formación, la multitarea, el trabajo colaborativo, el trabajo concentrado, la necesidad de innovar, la flexibilidad… Así pues, hay que ir a diseños de espacio mas ricos en variedad de tipologías, que nos permita a cada uno buscar el espacio mas adecuado para la actividad que queramos desarrollar en cada momento: espacios para la concentración, espacios para la colaboración o para la innovación. Las sedes corporativas se trasforman en espacios con un mayor catalogo de opciones de espacio, un lugar donde el trabajador elige el mejor lugar para realizar cada una de sus actividades. Se ha dejado de asignar un espacio "para todo" que se utiliza muy poco, apenas un 50%, y a cambio se dispone de una gran variedad de espacios para ser usados bajo demanda en función de lo que tengamos que hacer. Es el concepto de trabajo como verbo frente a trabajo como lugar.

Otro cambio importante en el diseño de espacios de trabajo, es que el foco esta puesto en las personas, en lo mas valioso de las empresas: el capital humano, no de las personas como recursos, las personas han dejado de ser recursos, por el mero hecho de contratar a una persona y darle un puesto de trabajo durante un horario previamente pactado no garantizamos que esa persona necesariamente nos vaya a aportar todo su valor. Empresas y personas buscamos ir mas allá, de un lado el empleado busca un proyecto profesional interesante justamente retribuido y, por otro lado, la empresa necesita sacar el máximo de sus colaboradores para no perder en competitividad y en algunos casos para la subsistencia de la empresa. Compromiso frente a cumplimiento (cumplo y miento). Ante esta nueva realidad social el concepto de SMART working adquiere todo su protagonismo.

Si el concepto de SMART working es obvio que esta siendo aceptado tanto por empleados como por empleadores. Quien no quiere ser un SMART worker? Máxime si lo opuesto es ser un estupid worker! Pero que nos frena a serlo? Por qué cuesta muchas veces la adopción de este concepto? El ser humano es tradicionalmente reacio al cambio, si llevamos toda nuestra vida trabajando de una manera determinada, es aún más difícil ese cambio, no así para las nuevas generaciones.

¿Y que frena a las empresas para su adopción? ..todo son ventajas , como la potencial reducción del espacio necesario, lo que lleva a grandes reducciones de los costes operativos, o el incremento de la productividad al tener empleados más contentos y espacios más funcionales. Os invito a descubrir todas estas incógnitas en este libro.

Presidente del Grupo de Consultoría 3g office, dirigiendo a un grupo de profesionales altamente cualificados que trabajan en las regiones de EMEA y LATAM, con oficinas en España, Portugal, Brasil, México, Panamá, Perú, Colombia, ARGENTINA y Chile. Consultor especializado en Workplace Internacional, con experiencia en políticas de conciliación de vida laboral, análisis de empresas, arquitectura corporativa y diseño de interiores, ingeniería y gestión de proyectos corporativos. Fundador de la Asociación Internacional de Facility Management (IFMA) y miembro del British Institute of Facilties Management (BIFM), Corenet Global y Director de la Asociación Internacional de Consultores de Gestión de Instalaciones (FMCC). Renombrado ponente de Workplace Innovation, en numerosos congresos internacionales.

Introducción

¿Dónde y cuándo trabajo mejor?

Esta es la pregunta a la que llevo intentando responder estos últimos veinte años.

Gracias a lo último en tecnología móvil, he podido ver que algunos momentos y algunos lugares eran los ideales para un trabajo en concreto, mientras que otros sinceramente daban pena. He aprendido que las mañanas tranquilas de domingo son geniales para adelantar trabajo y conseguir el máximo rendimiento para la semana que comienza. He aprendido que un amanecer impresionante en la bahía de Santa Cruz, al verlo desde la terraza de un hotel de playa, estimuló una creatividad y una energía alucinantes con las que creé las presentaciones más motivadoras que jamás he hecho. He aprendido que no hay nada como conocer a una persona comiendo con ella, que muchas de las teleconferencias han sido una enorme pérdida de tiempo y que, ¿por qué?, pero ¿por qué antes nos desplazábamos para ir a la oficina?

No es de esperar que haya dos personas que respondan de la misma manera a la pregunta de dónde y cuándo, pero para muchos directivos la respuesta tiene que ser sencilla: básicamente, las personas trabajan mejor donde se les dice. Por lo general, se tratará de algún tipo de instalaciones de empresa. Para muchos de quienes lean este libro, en realidad estamos hablando de una oficina, algo que ya ha quedado desfasado.

En el 2006, acudí al WorkTech de Londres y conocí al Vicepresidente de la empresa fabricante de muebles Vitra, Tim Oldman, quien estaba realizando un estudio para comprender dónde se estaba realizando el trabajo que más tarde publicó con el título de Work Topology. Me pidieron que participara y Annie Leeson me hizo una entrevista. Esta fue una de las preguntas: si pudiera elegir el lugar y el momento en los que trabajar, ¿cuáles serían?

Los resultados del estudio fueron reveladores: la creatividad no tiene cabida en las oficinas tradicionales, tenemos que hacer descansos para relajarnos de forma regular y los jóvenes necesitan oficinas productivas sin tabiques para poder sumergirse en una tarea. Cada tipo de patrón laboral informativo tiene un espacio y un momento ideales, que dependen tanto del tipo de actividad como de su perfil personal. Así que salga de la oficina para determinadas tareas, pero vuelva corriendo para el trabajo en equipo fundamental. En ese momento comprendí que si me gusta trabajar tranquilamente y a gusto en el sofá los domingos por la mañana es porque es un lugar agradable en el que consigo terminar muchas cosas de forma relajada y sin que nadie entre a prisas con algo urgente. Sin embargo, pronto me di cuenta de las limitaciones de trabajar de forma virtual.

Quería aprender más sobre experimentos relacionados con el lugar de trabajo, por lo que le pedí a Annie que investigara y redactara un informe sobre lo que están haciendo las mejores empresas del Reino Unido en materia de flexibilidad laboral.

Un año después, a Plantronics se le presentó la oportunidad de agrupar varios edificios de un complejo industrial del Reino Unido en uno solo. Yo estaba entusiasmado por la idea de ofrecer un espacio que se adaptara a las necesidades de los nuevos estilos de trabajo en oficina móviles y flexibles y, en una encuesta detallada Leesman sobre la satisfacción con el lugar de trabajo, pregunté a los empleados sobre sus comportamientos laborales informativos y sobre lo que les gustaba y lo que no de todos los aspectos de su entorno de trabajo.

El estudio dio que pensar, pues más de un tercio de los asociados no estaban orgullosos de sus oficinas, hasta el punto de que nunca se las enseñarían a su familia o a sus amigos, y mucho menos a los clientes. La oficina alemana tenía una acústica horrible que ponía trabas a la energía y los esfuerzos del equipo interno de ventas. En los gráficos aparecieron muchas alertas rojas y naranjas. Se plantearon áreas de mejora al equipo de gestión, que pudo entonces elaborar un documento informativo sobre las necesidades en materia de TI, recursos humanos e instalaciones en cuestión de días.

Más o menos en aquel momento, Jeremy Myerson, del Royal College of Arts, publicó un estudio sumamente fiable titulado New Demographics, New Workspaces, en el que se incluyen recomendaciones para cuatro tipos principales de áreas de trabajo, cada uno de ellos con un perfil acústico propio: concentración, colaboración, comunicación y contemplación. De repente todo tenía sentido; teníamos la tecnología, sabíamos cuál era la cartera de actividades y cómo organizar un interior de oficina más inteligente. Y entonces yo dije: «Bueno chicos, ya tenemos todos los elementos, pero el cambio más fuerte se producirá en la filosofía de trabajo, así que pido a Recursos Humanos que ofrezcan asistencia en el proyecto, porque lo realmente importante es lo que ofrecemos a nuestros asociados, a nuestros clientes, a nuestros socios. Y todos ellos son personas».

Decidimos crear un templo acústico, siguiendo las orientaciones de Myerson, que se ajustara perfectamente a las necesidades de nuestros asociados. Terminamos el proyecto en un tiempo récord y los resultados fueron impresionantes: el índice de satisfacción con el lugar de trabajo de Leesman se disparó de 63 a 84 en a encuesta posterior a la intervención. La participación voluntaria con los asociados aumentó rápidamente hasta un n vel elevado, el absentismo laboral cayó en picado y, en el 2012, ganamos el Facilities Management Award (premio a la gestión de las instalaciones) del British Institute. Para mí era como si estuviéramos andando sobre el agua.

Desde el comienzo habíamos definido el «trabajar de forma más inteligente» como dejar a los empleados trabajar dónde y cómo quisieran, siempre y cuando ofrecieran los resultados apropiados, ahorrasen costes y respetaran el planeta. El espacio, la tecnología y la gestión del personal colaboraron de forma intensa para hacer que la empresa fuera más eficaz.

Básicamente, Plantronics y algunas compañías que se inspiraron en nuestras labores (en el 2013 recibimos varias visitas por semana de organizaciones de mayor tamaño que estaban estudiando cómo habíamos conseguido que funcionara esta filosofía) han abandonado por completo la idea de trabajar de 9 a 5 en una oficina. Nadie, absolutamente nadie (ni siquiera yo) tiene un espacio de oficina personal cerrado. Pedimos a nuestro personal que elija de forma consciente el mejor lugar y el mejor momento para trabajar, que domine la gestión de los espacios de trabajo, a diario.

Por desgracia, esta tarea es algo más que optar simplemente un día por trabajar de forma más inteligente y mantener el patrón. Tenemos que cambiar los estilos de gestión. La topología de la mayoría de las oficinas fijas no resulta útil. Existe una metodología para incorporar progresivamente esta especie de filosofía en el lugar de trabajo. Esto tiene consecuencias importantes para todos los elementos del lugar de trabajo, desde la infraestructura técnica hasta el desarrollo profesional, pasando por la contratación de las personas adecuadas. Los resultados harán que merezcan la pena los esfuerzos: en Plantronics se redujo el absentismo a la mitad, se produjo una reducción del 30 % en espacio de oficinas y un aumento del 20 % en satisfacción de los consumidores y asociados y la productividad incrementó de forma significativa.

Este libro ayudará a los directivos a iniciar el viaje. También será de ayuda para los trabajadores que intentan darle sentido a ese mismo recorrido hacia una forma de trabajar de forma más inteligente, con técnicas específicas y tecnologías que resultarán útiles. ¡Buen viaje!

– Philip Vanhoutte

«Vale, lo reconozco, hay cosas que me resultan desconcertantes».

La gente habla del trabajo flexible y de centrarse en una tarea en vez de en un lugar de trabajo. En las siguientes páginas se hablará sobre ello y se analizará esta cuestión, y es que yo lo llevo haciendo más de 20 años y no puedo entender que no lo haga todo el mundo.

Mis primeros dos puestos fueron en una oficina. Empecé como administrador de una ONG local, cuya sede era una casa privada. Era una casa grande y yo trabajaba en lo que por la noche se convertía en la mesa para cenar. No hay duda de que mi postura y todo eso era un desastre, pero en 1986 no había mucha información o, si la había, mi jefe era lo suficientemente inteligente como para no dármela.

Más tarde me pasé al periodismo y tuve un pequeño escritorio para mí solo. Era una oficina sin tabiques y, durante los primeros años, me llevaba bien con mis compañeros. Pero el personal cambia y un cambio de instalaciones hizo que después del tercer año ya no trabajara en el mismo sitio. Ahora era más complicado llamar la atención del editor, aunque no había aumentado el número de trabajadores, y ya no trabajaba igual de bien, por lo que finalmente decidí hacerme autónomo.

La gente habla del trabajo flexible y de centrarse en una tarea en vez de en un lugar de trabajo. En las siguientes páginas se hablará sobre ello y se analizará esta cuestión, y es que yo lo llevo haciendo más de 20 años y no puedo entender que no lo haga todo el mundo.

Mis primeros dos puestos fueron en una oficina. Empecé como administrador de una ONG local, cuya sede era una casa privada. Era una casa grande y yo trabajaba en lo que por la noche se convertía en la mesa para cenar. No hay duda de que mi postura y todo eso era un desastre, pero en 1986 no había mucha información o, si la había, mi jefe era lo suficientemente inteligente como para no dármela.

Más tarde me pasé al periodismo y tuve un pequeño escritorio para mí solo. Era una oficina sin tabiques y, durante los primeros años, me llevaba bien con mis compañeros. Pero el personal cambia y un cambio de instalaciones hizo que después del tercer año ya no trabajara en el mismo sitio. Ahora era más complicado llamar la atención del editor, aunque no había aumentado el número de trabajadores, y ya no trabajaba igual de bien, por lo que finalmente decidí hacerme autónomo.

En una ocasión me contaron que Jean Paul Sartre dijo que era insultante que te pagaran por tu tiempo y no por tus resultados. Lo he buscado en Google y he llegado a la conclusión de que alguien quería expresar esta idea y simplemente le puso autor a la cita para darle más importancia, pero que probablemente Sartre nunca lo dijera, aunque debería haberlo hecho. Es un lema útil que adoptar en la vida. Si alguien puede hacer el doble de cosas que otra persona en el mismo tiempo y al nivel adecuado, ¿por qué no se le dan más vacaciones o se le paga el doble? ¿Necesita la persona que rinde menos un apoyo extra? ¿o tal vez le iría mejor si trabajara en otro lugar? Tal vez sea ligeramente autoritario asumir que ambos trabajadores deben obtener el mismo rendimiento y que se les está dirigiendo de forma adecuada sencillamente porque están en el mismo lugar en el mismo momento.

He vivido de esta forma durante un tiempo. No he tenido opción como trabajador autónomo, pero no volvería atrás. En este libro, Philip y yo analizamos la manera en la que se puede aplicar esta libertad de ser autónomo, la filosofía de hacer el trabajo lo mejor posible para el trabajador y para la organización, en las organizaciones más grandes. Además, ofrecemos ayuda tanto para los directivos como para los empleados. Es una labor apasionante y le estaríamos agradecidos si nos cortara cómo le ha ido.

— Guy Clapperton

Capítulo 1:

Encuentre su lugar

¿DÓNDE TRABAJA REALMENTE? SEA SINCERO

En este capítulo hablaremos de:

- Por qué ha elegido su lugar de trabajo.
- La aparición de las estructuras de oficina y su futura evolución.
- La justificación de los cambios y cómo lograr el apoyo de los asociados.
- El establecimiento de baremos para medir el progreso.

Manifesto

Como ya habrá deducido por el título, la finalidad de este libro es servir de manifiesto. Ya hace bastante tiempo que la gente trabaja «de forma flexible», «desde casa», o como se le quiera llamar al cambio de lugar. Sin embargo, ¿realmente lo están haciendo bien?, ¿se están generando beneficios empresariales y un nivel personal de satisfacción? La respuesta en muchos de los casos es no, porque, a pesar de que se está produciendo un cambio geográfico, no se trabaja de forma más inteligente.

Por esto es por lo que el libro lleva este título. No hablamos de simplemente trabajar de una manera ligeramente distinta por estar en otro lugar. No hablamos de simplemente hacer las cosas un poco más rápido porque la tecnología nos permite mandar correos desde el tren o trabajar para un centro de llamadas desde nuestro hogar. No hablamos de simplemente trabajar desde casa todos los viernes religiosamente porque se ha convertido en una costumbre. Estas son las ventajas fáciles, pero también tienen trampas en las que es sencillo caer: hay quien piensa que el tren se mueve demasiado para poder enviar un buen correo, hay quien pone los ojos en blanco porque otra persona «trabaja desde casa», hay quien asume que «trabajar desde casa» significa «ver la tele por el día» y odia por ello a quienes trabajan en casa y hay a quien se le pide que trabaje desdecasa los viernes aunque supuestamente se tiene que reunir con otras personas.

Lo que esto significa es que es perfectamente posible tener frente a nosotros todas las herramientas adecuadas para trabajar de forma más inteligente, pero utilizarlas de una forma que puede ser de todo menos inteligente. Cada uno de los capítulos que se presentan a continuación contiene directrices y sugerencias fiables, algunas sencillas y fáciles y algunas otras más complejas. Todas ellas le permitirán hacer un mejor uso de los instrumentos disponibles y le propondrán formas para embarcarse realmente en un viaje hacia el trabajo inteligente.

No exageraremos para venderlo como la panacea empresarial o como una forma sencilla para transformar el lugar de trabajo (hemos visto a demasiadas personas que dan por sentado que es una solución rápida). Como todo lo que realmente ofrece beneficios empresariales, requiere mucho trabajo y un compromiso importante.

En este primer capítulo analizaremos tres elementos de su lugar de trabajo y la forma de mejorar su funcionamiento. El primero de ellos es el trabajo. El segundo son las personas con las que trabaja, tanto sus jefes como sus compañeros. El tercero resulta fundamental si quiere conseguir algún tipo de beneficio, usted mismo. Nadie es un robot corporativo, por mucho que algunos de quienes trabajan en las empresas más punteras finjan serlo. Únicamente se consigue una forma inteligente de trabajar si se gestionan estos tres factores con una verdadera política laboral más inteligente.

Nuestro manifiesto consiste en hacer bien este trabajo. Buena suerte en el viaje y adelante.

¿Por qué ha elegido su profesión? ¿Y por qué narices trabaja ahí?

Seamos más específicos. Piense en su cargo (gerente, director, periodista, investigador, fabricante, actor, lo que sea). Si está leyendo este libro probablemente tenga algún tipo de contrato que sea el motivo por el que hace lo que hace, y es muy posible que «ganar dinero» sea uno de sus objetivos. Con un poco de suerte disfruta de su trabajo y, además, considera que es gratificante.

Resulta más interesante preguntarse la razón por la que trabaja en el lugar y de la manera en que trabaja. Para algunos tiene una respuesta sencilla: «Soy actor, por lo que me viene bien ensayar con el resto de actores y con el director y estar en el teatro/plató cuando se me necesita». Una respuesta difícil de contrariar.

Pero, ¿y si tiene un trabajo relacionado con la información? ¿Por qué va todos los días a la oficina y por qué se molesta en desplazarse? ¿Es realmente el mejor lugar para desempeñar las funciones que le encarga su organización? Reflexione por un momento. Imaginemos que trabaja como contable.Después de que le lleve un buen rato llegar a la oficina, se sienta frente al ordenador y empieza a realizar cálculos. Recibe llamadas de clientes e incluso puede que haga alguna videoconferencia para hablar cara a cara.

En el siglo XXI, ¿para qué ha perdido el tiempo por la mañana para ir hasta la oficina?

No decimos que no existan motivos, puede haber una reunión a la que tenga que asistir en persona, una que verdaderamente no funcionaría si usted no estuviera físicamente presente. Puede que haya un cliente que insista en que se reúnan y no disponga de instalaciones adecuadas en las que recibirle. Puede que rinda más con el ruido de fondo de otras personas trabajando cerca (esta es una razón totalmente válida, independientemente de lo que digan los defensores del trabajo flexible). Es un motivo perfectamente legítimo para ir hasta la oficina, porque le gusta y porque es el lugar en el que mejor trabaja.

Sin embargo, para muchas personas esta no es en absoluto la opción correcta. Tienen una oficina en casa, un estudio que utilizarían encantadas si contara con la tecnología necesaria. El teléfono está conectado al ordenador y no a una línea fija (o podría hacerse) o a un móvil, y no necesitan para nada estar en la oficina para recibir llamadas. Las conversaciones de los compañeros pueden ser una distracción a la hora de concentrarse.

¿No sería mejor que el gerente les comunicara varios objetivos y los resultados deseados y les dejara decidir a ellos lo que les funciona mejor? Mientras se respeten los plazos y no haya consecuencias negativas para la empresa, ¿para qué obligar a los empleados a ir a un edificio concreto por el que está pagando (que no se nos olvide)? Además, ya veremos que, de todos modos, es más que probable que se consigan beneficios.

Veamos, ¿cómo hemos llegado a esta situación?

En teoría, diseñar una oficina con el objetivo de conseguir una flexibilidad total sería lo ideal, pero muy pocas personas pueden permitirse el lujo de empezar de cero. La gran mayoría ya tienen un lugar de trabajo fijo y tienen que adaptarlo para que pueda usarse de formas diferentes.

De hecho, pensemos en el término «lugar de trabajo». Realmente, ¿qué significa? Para muchas personas la respuesta es bastante sencilla: es el lugar en el que se trabaja. Esta contestación tiene como trasfondo todo tipo de supuestos culturales y tecnológicos y la idea de que existe un lugar para trabajar es tan solo una de ellas. Se basa en la noción de que el trabajo y la vida privada son completamente independientes, algo que para los autores constituye una mentira en el mundo moderno.

Pero no nos adelantemos. ¿Cómo empezó esto de las oficinas?

Historia de la oficina

«Oficina» viene del término italiano Uffizi. Es probable.

Las primeras oficinas reconocibles se crearon en la etapa industrial. Es posible. La estructura se parecía mucho a la de las celdas de las cárceles, pues la idea era que el trabajador estuviera totalmente supervisado y controlado. Los empleados no estaban literalmente encadenados a la mesa de su oficina, pero parece que era así como se sentían (no estamos juzgando lo que sucedió hace 500 años desde el punto de vista del siglo XXI, ese es un error cultural que llegará en algún momento).

El profesor Mark Mobach de la Universidad de Groningen (los Países Bajos) es una eminencia en materia de desarrollo del espacio de trabajo moderno y confirma que existe cierta ambigüedad sobre el lugar exacto en el que comenzó todo esto. «No estamos del todo seguros de dónde o cuándo surgió la idea 'celular'. Básicamente, hay quienes afirman que proviene de los monjes, otros que se remonta a los Uffizi». En los Uffici (que ahora obviamente es una galería de Florencia) era donde ejercían sus funciones numerosos propietarios que trabajaban para un duque de la familia Medici, que quería tenerlos cerca. Creó oficinas en Florencia que tenían una estructura celular, por lo que desde sus comienzos (o avanti, se supone) la estructura de las oficinas se basaba en el poder. «Quería influir directamente en sus trabajadores, que eran responsables ante él».

Esta estructura básica se mantuvo durante mucho tiempo. Mobach afirma que «En el último siglo se han producido numerosos cambios que han dado lugar a muchos de los elementos del diseño actual del lugar de trabajo. Debemos tener en cuenta la idea básica de la oficina. Hace cien años, lo que había principalmente era organizaciones orientadas al producto, fabricantes de bienes materiales, por lo que quienes se ocupaban de la administración trabajaban en oficinas. Para otras organizaciones, como las fábricas de Larkin Soap, las oficinas de mayor tamaño eran como una fábrica propiamente dicha y no tenían tabiques». En aquel momento, las oficinas empezaron a diseñarse en función del proceso de trabajo de la empresa y se creó un orden lógico y secuencial en el que se situaba a las personas. «La oficina de Darwin Martin, uno de los directores, estaba en el centro de esta estructura, lo que denotaba su influencia y su poder en el espacio de trabajo. En aquella época, muchas compañías también contaban con espacios en los que únicamente tenían oficinas los miembros de la junta directiva, que estaban decoradas y tenían una estructura celular».

Entonces se produjo un cambio importante, ya que el mundo desarrollado empezó a avanzar a pasos agigantados hacia la utilización del sector servicios como negocio principal. Es en este tipo de estructura donde la oficina se convierte en un símbolo del estatus, pues los altos cargos tienen la mejor oficina y, si es verdad lo que se ve en muchas de las películas estadounidenses de los años 60, incluso baño propio. Y con llave. «Esto es algo que se sigue viendo. A medida que crecía el sector servicios, cada vez era más normal trabajar en una oficina», afirma Mobach.

Modelos de oficina

Si bien este libro le animará a centrarse en la tarea y en el profesional y no en el espacio físico en el que se encuentran, cabe señalar algunos de los diferentes modelos de lugar de trabajo existentes de una forma un poco más rigurosa. El estándar de trabajo en este caso es la obra Nuevos diseños de oficinas: espacios para trabajar, de Jeremy Myerson y Philip Ross. Se trata de una guía magníficamente ilustrada y muy elaborada sobre los diferentes tipos de instalaciones de trabajo que han utilizado las empresas. Entre ellas se encuentran las siguientes:

Universidades

Campus que funcionan de forma eficaz y que están destinados a eliminar gran parte de la naturaleza jerárquica del antiguo lugar de trabajo y a fomentar en su lugar una filosofía académica de colaboración. Los arquitectos las diseñaban tradicionalmente para estimular el movimiento en lugar de crear diferentes departamentos y jerarquías compartimentados.

Gremios

Según Myerson y Ross, una «asociación profesional» que permite a la gente agruparse dentro de disciplinas concretas y en función de la organización empleadora. Una vez más, la idea es estimular y facilitar el flujo de ideas en un entorno colaborativo. El modelo de los gremios se ajusta tanto al lugar de trabajo compartido como al de un edificio propio para la empresa.

Ágoras

Este término se empleaba para denominar el punto central de las ciudades de la Grecia Antigua y hace referencia a los lugares abiertos y las plazas de mercado que se convierten en punto focal por sí solos. Normalmente cuentan con grandes edificios deslumbrantes y pueden incluir lugares de trabajo compartidos. Hablaremos del trabajo de forma conjunta más adelante.

Estudio

Se trata de un nombre que designa a una casa-oficina, a una casa-industria, o a cualquier espacio diseñado para vivir y trabajar. Myerson y Ross destacan los lofts de trabajo de los Estados Unidos, el Reino Unido, Japón y otros lugares. Estos

TENSIÓN EN EL TRABAJO
ESTRATEGIAS ESPACIALES PARA TRABAJADORES DEL CONOCIMIENTO

Fuente: *Nuevos diseños de oficinas: espacios para trabajar,* Jeremy Myerson y Philip Ross

edificios se caracterizan por haber sido concebidos tanto para trabajar como para vivir, en lugar de haberse puesto una residencia fija.

Cada uno de estos tipos de edificios tiene algo que ofrecer a la organización adecuada y no se ha llegado a un acuerdo sobre la clase de edifico más apropiada para cada tipo de negocio. Es igual de posible encontrar una estructura de gremio en una industr a creativa que en una de fabricación; los campus funcionan tanto para los bancos como para una casa de programas informáticos de gran tamaño; y todos ellos pueden decidir que son lo suficientemente grandes como para merecerse una ágora, o al menos parte de ella. Asimismo, todos pueden beneficiarse de un estudio para las tareas más pequeñas y departamentales. Simplemente merece la pena saber las instalaciones de entre las que se puede elegir a la hora de decidir la que será la ubicación de un negocio.

Un lugar específico para su trabajo

Si planea iniciar una actividad laboral, ¿por qué no empieza a ejercerla en vez de buscar automáticamente un lugar físico en el que realizarla? Póngase manos a la obra. Más adelante ofreceremos una definición de «trabajo basado en un actividad», pero por ahora imagine que no importa en lugar en el que realice sus tareas.

Es aquí donde el concepto de topología del trabajo realmente adquiere gran utilidad. Este término, creado por Annie Leeson, con la que también nos encontraremos en otro capítulo más adelante, implica la separación de todas las tareas para analizarlas y observar el lugar en el que mejor se desarrollan. Para ello hay que realizar un recorrido por los espacios ideales para cada tipo de patrón laboral o actividad que se lleve a cabo, como por ejemplo:

- El nacimiento de una idea: para lo que lo ideal es estar solo y tener motivación.

- Deliberar y contemplar: fase de desarrollo de la idea que requiere cierto aislamiento. Leeson sugiere que esta tarea se lleva a cabo mejor fuera de la oficina; las experiencias de empresas que han construido áreas de reflexión específicas dentro de una oficina sugieren que un enfoque flexible podría resultar más positivo.

- Fisión-fusión: la idea de poner en común las ideas una vez se han desarrollado de forma independiente durante un tiempo es un concepto importante para el trabajo flexible. Esto debe realizarse conjuntamente en un lugar.

- Inmersión: para entrar a formar parte de la cultura empresarial es necesario estar en una oficina sin tabiques.

- Reflexión: tarea que se realiza mejor en zonas bulliciosas o públicas; las típicas ideas comunes que surgen al lado de la máquina de café.

- Unir las fuerzas: lo ideal es que sea en territorio neutral, en un lugar lejos de la zona de trabajo principal.

- Recuperar energía: claramente, esto debe hacerse fuera de la oficina.

INFORMACIÓN PRODUCTIVA
PATRONES LABORALES

NACIMIENTO DE IDEAS
Solo Motivado

DELIBERACIÓN Y CONTEMPLACIÓN
Aislado, no en la oficina

FISIÓN-FUSIÓN
En conjunto

INMERSIÓN
Fuera de la oficina

REFLEXIÓN
Áreas bulliciosas /públicas

UNIR FUERZAS
Fácil de recordar y lejos de la zona de trabajo

RECUPERAR ENERGÍA
Fuera de la oficina

Fuente: *The Topology of Work*, Annie Leeson

Cabe destacar que muy pocas de estas actividades, excepto obviamente la inmersión en la cultura de oficina, tienen que realizarse obligatoriamente en un lugar específico.

Así que, cuando organiza sus tareas o las reparte entre los empleados, ¿piensa en si deberían llevarse a cabo en un lugar específico? ¿O habla con el empleado y le pregunta por el lugar y el momento en el que le vendría mejor realizarla?

Un lugar de trabajo que cambia

Una oficina tradicional tiene cuatro tipos de espacios:

- La oficina privada (normalmente para los directivos).

- La oficina compartida de 2-6 personas, que principalmente realizan la misma función y a menudo lo hacen como equipo dentro de un proceso de trabajo.

- Oficinas de paisaje o abiertas, sin tabiques y frecuentemente con filas de trabajadores; en la mayoría de los casos no se presta mucha atención a la calidad de la acústica.

- Salas de reunión de varios tamaños.

Como ya habrá podido ver durante los últimos años, la topología del trabajo está avanzando hacia un mayor empleo de espacios externos a la oficina, hacia un uso más flexible del espacio de oficina, hacia la reducción del espacio de oficina infrautilizado, hacia menos centros labcrales fijos propios y hacia la aparición de más espacios colaborativos comunitarios. Todo ello tiene consecuencias para la forma en la que trabajamos, puesto que cada vez es más común no tener mesa propia y compartir una, lo que ofrece más posibilidades para elegir el lugar de trabajo y una mayor variedad de entornos laborales disponibles.

Esto puede ofrecer importantes beneficios relacionados con un aumento de la autonomía y del crecimiento personal, con el control de cómo y dónde trabaja mejor, con una mayor variedad de opciones para los lugares de trabajo, con mejores herramientas para trabajar fuera de la oficina y, en último término, con más productividad en los espacios adecuados.

La clave consiste en emplear los lugares adecuados para las actividades adecuadas para trabajar lo más cómoda y productivamente posible.

Bien, ¿cómo definiría su actividad laboral?

- Implica trabajar solo o con otras personas

- Implica trabajar centrado en el proceso o pensar de forma creativa

- Requiere instrumentos o materiales especializados frente a herramientas de trabajo básicas

- Requiere concentración intensa o estímulo externo

- Puede realizarse por partes o requiere una sesión larga

Y en cuanto a su estilo de trabajo personal, ¿cómo le gusta trabajar y cómo le hace sentir?

- ¿Quiere un entorno bullicioso o prefiere calma y tranquilidad?

- ¿Necesita algún tipo de ayuda o prefiere hacer determinadas labores por sí mismo?

- ¿Considera que el trabajo realmente es interesante o necesita concentrarse para hacerlo?

- ¿Prefiere estar con gente o le gusta estar solo?

- ¿Necesita salir a buscar ideas o reflexiona profundamente para conseguirlas?

Procesamiento de información

Una de las partes más importantes de las oficinas italianas medievales originales que definía su estructura era la tecnología de información disponible en aquel momento. Analizada desde un punto de vista actual, era casi inexistente (una especie de lapiceros, papel, mesas, viajar en caballo). Nos preguntamos por qué a nadie se le ocurrió buscar en Google si había algo mejor.

El hecho de que esta fuera la única opción se debía principalmente a que no había ningún medio que permitiera un tipo de colaborac ón que no requiriera la presencia de personas. Si todas as cuentas y los números estaban recogidos en papel en un sitio concreto que se cerraba con llave por la noche, no había lugar a dudas de que quienes se encargaban de organizarlos tenían que estar en ese edificio.

Lo misterioso es que el elemento técnico de las primeras oficinas ha desaparecido por completo. Bueno no, no es un misterio, simplemente es el progreso. Lo misterioso es que, en muchas ocasiones, la eliminación de las numerosas barreras técnicas ha supuesto una diferencia tan mínima para las prácticas laborales que parece como si siguieran ahí (tenemos que admitir que los plazos han pasado del «¡Ay!» al «Dime que es broma»).

Mire los ejemplos de personas que tienen que ir obligatoriamente a la oficina. Hay muchos. De hecho, en el 2013 la empresa de Internet Yahoo! decidió que todo el mundo tenía que ir a la oficina porque el barullo era mejor para trabajar que intentar hacerlo solos (más adelante explicaremos por qué no debe sentirse solo). Bien, imaginemos que un trabajador de nuestros días llega a su oficina. Es muy probable que mire el correo antes de llegar, porque es fácil hacerlo con una BlackBerry, un iPhone, un teléfono Android o Windows o una tablet. A la gente le salen por las orejas los dispositivos para recibir y enviar correos. Hay muchos que llevan dos, uno personal y otro para el trabajo.

Así que, si ya ha empezado a trabajar y mentalmente ya se encuentra en la oficina, ¿para qué va a dedicar su tiempo a desplazarse hasta ella?

Sin embargo, va a la oficina porque eso es lo que los jefes dicen que hay que hacer para ganarse la vida. En vez de coger un bolígrafo o una pluma y el libro de contabilidad físico, se conectan a una hoja de cálculo, pero es básicamente lo mismo. Colaboran de forma electrónica porque todos están viendo el mismo documento.

Espere. Están conectados y viendo la misma hoja de cálculo. No existe ninguna razón, repetimos, absolutamente ninguna razón que haga que tengan que estar viendo esta hoja desde una pantalla concreta, siempre y cuando funcione en otras. Lo más probable es que se encuentre en un servidor, por lo que puede verse en un smartphone. Tal vez sea demasiado pequeño, pero ¿y una tablet? Puede que para un diseñador también sea demasiado pequeña. Sin embargo, ¿hay algún motivo por el que no puedan verlo desde otra oficina o incluso desde su casa conectados a Internet?

Trabajo basado en actividades

Tal vez tendríamos que deshacernos de esta idea de «mesa». Y si no nos olvidamos de ella por completo, ¿podemos dejar de lado la mesa de oficina fija como concepto útil?

Philip Ross, a quien ya nos hemos referido como coautor de Nuevos diseños de oficinas junto con Jeremy Myerson, aboga por una forma de trabajar «basada en la actividad». Dentro de esta estructura, no hay nadie que tenga una mesa fija dentro de la organización. En un estudio titulado Death of the Desk, hace hincapié en que considera que las personas de un empresa simplemente pasarán de un escritorio a otro utilizando su tecnología móvil, trabajando no donde tienen un lugar fijo sino donde requiere la tarea que estén llevando a cabo. Cabe afirmar que esto es similar a la antigua idea profesional de las «mesas calientes», que consistía en desplazarse por los edificios de una forma parecida, inmediatamente en el momento en el que la tecnología disponible lo permitía. Posiblemente este concepto no llegó muy lejos durante la primera parte de este siglo, era demasiado pronto; claro que se contaba con la tecnología, pero las culturas empresariales estaban mucho menos claras.

Por ello, en este capítulo seguiremos analizando la oficina fija y no el trabajador a distancia o móvil, de lo que se hablará más en profundidad en los capítulos 2 y 3. Partiremos de la idea de que todo el mundo necesita algún tipo de sede o filial y en primer lugar analizaremos la siguiente cuestión: ¿es fácil trabajar en su edificio? Muchos negocios empiezan con la idea de un lugar para mesas y teléfonos fijos y desatienden otros elementos importantes.

Las personas con las que trabaja

El segundo elemento para determinar si un lugar de trabajo es el adecuado para alguien son las personas con las que trata. Podemos ampliar este grupo a la cultura empresarial en general, puesto que viene determinada en gran medida por quienes la forman. Y no nos olvidemos de la fama.

Aún hoy seguimos viendo que las empresas de mayor tamaño quieren tener las instalaciones más grandiosas, aunque no de forma tan exagerada como en los 80. Si baja por el corredor de la M4 del Reino Unido y toma la salida de la derecha, no verá otra cosa que edificios de Microsoft. Perdón, ¿dijimos edificios? Se podría llamar campus.

No tenemos absolutamente nada en contra de Microsoft. El problema es que necesita una serie de edificios si quiere seguir funcionando de la misma manera que lo ha hecho mientras crecía. Tomemos otro ejemplo del ámbito tecnológico, Google. Hasta el 2014 estaba en el Reino Unido, en la zona de Victoria del centro de Londres (y en otros lugares, ya que tiene más oficinas), en una de esas instalaciones que hablan por sí solas y dicen: «nos lo podemos permitir».

Google es un ejemplo divertido porque ha incorporado algunas excentricidades en su oficina. Aunque bueno, puede que no esté a la altura del ejemplo de una empresa de marketing que compró un coche para aparcarlo en la entrada. Sí, ha leído bien. Alguien tuvo la idea de que una buena forma de gastar una cantidad de cinco ceros era comprar un coche para aparcarlo en la recepción y dejarlo ahí para siempre. Nadie lo movió. No pasaría nada si a la empresa le fuera bien, pero muy pocos disfrutaron al ver esta extravagancia aparcada en la recepción cuando salían por la puerta después de que se decidiera despedir a algunos trabajadores por falta de fondos. (Volvemos a aclararlo por si hay algún abogado entre los lectores, ¡no fue Google!).

Asimismo, hay ejemplos en los que «lo espartano» es realmente una descripción de quien trabaja en ese lugar y de su estilo. Matthew's Yard (Croydon, en la parte Sur de Londres) es un lugar de trabajo compartido para empresas emergentes de tecnología creado a partir de un almacén. El ambiente es anticorporativo en el buen sentido, en algunas partes hay bancos en vez de mesas y la emisora de radio local por Internet se esconde en una esquina tras unas puertas de cristal. Hay una cafetería que está bien, pero es más un lugar austero para principiantes que una oficina brillante y resplandeciente. Define tan bien a las personas que trabajan allí como lo hacen otros lugares. Si seguimos con los ejemplos del Reino Unido, el espacio de trabajo compartido Level 39 del Canary Wharf de Londres es un lugar profesional en la gran ciudad en el que hasta las máquinas de café funcionan a través de un iPad. Ambos espacios definen al tipo de trabajador que se encontrará en ellos y la fase en la que se encuentra.

La idea de la oficina como una forma de definirse sigue muy presente. Extravagantes, espartanas o tan famosas como la torre Trump, muchos utilizarán sus instalaciones para hacer gala de sus capacidades y de su buen gusto (o eso creen) ante el mayor público posible.

Está claro que el lugar de trabajo está destinado a invitar a los empleados a trabajar en él, por lo que tiene que ser el lugar adecuado para la persona adecuada.

Preguntas y respuestas:
Steelcase

El fabricante de muebles estadounidense Steelcase lo tiene todo: un lugar de trabajo extravagante y un producto que hace que los propios lugares de trabajo sean más cómodos. Preguntamos a una de sus portavoces por cómo había logrado la empresa sus objetivos hasta el momento.

P: Steelcase fabrica muebles. ¿En qué medida han cambiado la demanda y los diseños debido a que cada vez somos más conscientes de que hay que trabajar de forma más inteligente?

R: El trabajo actual ha cambiado radicalmente. El mundo es más global, móvil y nunca duerme. A medida que las organizaciones y las personas aprenden a navegar en las aguas de este entorno empresarial mundial, complejo e interconectado, los líderes inteligentes se dan cuenta del poder de los bienes inmuebles para ayudar a las empresas a crear, innovar y generar crecimiento.

Esta idea ha sido clave para que Steelcase haya podido hacer frente a los retos empresariales actuales: complejidad, competencia global para conseguir clientes y talento, presión en materia de costes y una necesidad imperante de innovar. Con presiones como estas, el lugar de trabajo representa una oportunidad por descubrir para la mayoría de las empresas actuales.

La innovación requiere una organización más ágil y un personal más colaborador, así como un lugar de trabajo que fomente ambos aspectos. Si se diseña y se equipa de forma que responda a las necesidades del nuevo mundo interconectado, el lugar de trabajo puede ayudar a definir el tipo de empleados que buscan los gerentes, es decir, trabajadores creativos y sumamente comprometidos que pueden colaborar con compañeros de cualquier parte del mundo, repetir un trabajo con facilidad y tomar decisiones con rapidez. Steelcase ayuda a sus clientes a entender la forma en la que el lugar de trabajo puede incrementar la interacción humana para fomentar el desarrollo de trabajadores más creativos e innovadores.

P: Su vídeo corporativo sugiere que sus instalaciones están impregnadas de identidad. ¿Cómo lo han conseguido?

R: Las empresas líderes se preocupan por sus objetivos y saben hacer que su marca esté visible en los lugares en los que reúnen a su gente. Crean destinos diseñados para aumentar las interacciones humanas, lugares en los que las personas se pueden juntar para trabajar de la mejor forma posible, tanto solos como en equipo.

A medida que las organizaciones luchan por prosperar en este mundo global, complejo e interconectado, muchas de ellas se dan cuenta de que su lugar de trabajo es un activo infrautilizado. Un lugar de trabajo diseñado con conocimiento constituye una herramienta de peso para conducir la integración global, generar una cultura y aumentar las interacciones humanas entre empleados creativos e innovadores.

Para conseguirlo, las organizaciones deben crear lugares que inspiren a su gente para cumplir los objetivos. Esto significa que las empresas líderes deben entender que la gente necesita tecnología, que la gente necesita a otra gente y que la gente necesita un espacio en el que se junten la tecnología y la gente. Lo consiguen al ofrecer opciones y control sobre cómo y dónde trabajan los empleados, gracias a una gama de lugares (varios entornos organizados en zonas intencionales), a una gama de posturas (varias soluciones que animan a las personas a sentarse, estar de pie y andar) y a una gama de asistencia (varias formas de conectar con compañeros de todo el mundo).

P: Muchas empresas tienen áreas específicas para tareas concretas, ya que hay lugares más apropiados que otros para la contemplación, la concentración, la comunicación y la colaboración. ¿Cómo se hace este reparto en su empresa? ¿O tienen un enfoque diferente?

R: Exactamente. Los negocios presentan más retos en la actualidad y las tareas son más variadas. La gente pasa constantemente de un trabajo individual específico a reuniones de dos personas y de sesiones de proyecto a colaboraciones espontáneas, tienen varias interacciones planeadas y no planeadas a lo largo del día y, para la mayor parte de los trabajadores con compañeros repartidos por diferentes zonas horarias y países, la jornada laboral ya no termina a las 5 de la tarde. Un estudio reciente de IBM sobre ejecutivos de recursos humanos reveló que el 80 % de las organizaciones quieren que los trabajadores colaboren más. No obstante, debido a que cuentan con un personal cada vez más repartido y móvil, no saben con certeza cómo conseguirlo. El 78 % de los ejecutivos quieren que sus organizaciones mejoren en este sentido.

En Steelcase creemos que los trabajadores deben poder elegir y controlar dónde y cómo trabajar. Reconocemos que las personas necesitan lugares individuales para «mí» y lugares de grupo para «nosotros». También así se rompe con el paradigma de que todos los espacios individuales deben estar asignados o tener propietario y que todos los espacios de grupo deben ser compartidos. La variedad de espacios en un lugar de trabajo interconectado debe respaldar un trabajo centrado y colaborativo, así como la socialización y el aprendizaje.

P: ¿Cómo consiguen la aprobación de los empleados, por ejemplo, cuando quieren cambiar el lugar de trabajo para una tarea o si realmente quisieran que todos se adaptaran a una política espacial que implicara estar de pie o incluso caminar?

R: Buena pregunta, podría ser un problema, aunque nuestro consejo sería que primero se les permitiera elegir y decidir. Los trabajadores necesitan elegir y decidir sobre el lugar y la forma de trabajo, por lo que aconsejaríamos que no se obligara a nadie a hacer nada. Hay ocasiones en las que necesitamos un lugar tranquilo para un trabajo contemplativo, otras en las que necesitamos colaboración y otras en las que queremos interacción social. Algunos trabajadores quieren estar de pie y otros sentados, algunos necesitan moverse más y otros trabajan mejor en un lugar «propio». Steelcase considera que los trabajadores deben poder elegir y decidir, lo que implica una variedad de lugares, posturas y tipos de presencia a lo largo del día.

P: Si pudiera cambiar tres cosas de la forma en la que se organiza el espacio de trabajo en las empresas estadounidenses, ¿qué cambiaría?

R: 1. Ofrecer más poder de elección y decisión para el lugar y la forma de trabajo. Las organizaciones deben ofrecer variedad de espacios para las diversas tareas realizadas a lo largo del día. La tecnología permite a la gente trabajar desde cualquier parte, por lo que el lugar de trabajo tiene que hacer más y ser más. Tiene que reunir a las personas de forma internacional y estar diseñado para responder a sus necesidades.

Ofrecer varios espacios para mí y para nosotros. En el mundo actual sin barreras, el péndulo ha ido demasiadc lejos, la privacidad y el trabajc individual son igual de importantes que el grupo. Las orgar izaciones también deben pensar en la diversidad de opinión dentro de una organización; los espacios abiertos y colaborativos nunca funcionan para todos. No hay que olvidarse de incluir espacios privados para un trabajo tranquilo, centrado e individual.

Tener en cuenta el bienestar de su gente. En la actualidad se atenta a nivel mundial contra el bienestar de los empleados y las investigaciones de Steelcase mostraron una nueva definición de lo que deben hacer las empresas para solucionar este problema: pensar en el bienestar físico, psicológico y cognitivo de su gente. Para ello es necesario pensar en cosas como la autenticidad, la pertenencia, el optimismo, la conciencia y el significado de los empleados.

P: En cuanto a los lugares de trabajo en los Estados Unidos, ¿qué ha cambiado en los últimos tiempos? ¿qué debe cambiar?

R: Antes las personas tenían que ir a la oficina para trabajar. Si no estaban en el edificio, no podían estar conectados con sus compañeros, con el servicio informático de la empresa o con los archivos impresos. Si no estaban en el edificio, no estaban trabajando. Fue entonces cuando la tecnología rompió con las ataduras de los lugares específicos de trabajo, la economía global se convirtió en el mercado común y la reducción de gastos pasó a ser una prioridad.

La tecnología nos atormentó con la idea de que podíamos ahorrar dinero si nos replanteábamos nuestra perspectiva del trabajo y los conceptos tradicionales sobre el lugar de trabajo. ¿Realmente necesitábamos edificios? ¿Podían trabajar los empleados desde casa y comunicarse virtualmente? ¿Podía la empresa reducir significativamente el capital inmobiliario y los costes derivados al poner en marcha estrategias de lugar de trabajo alternativas?

Muchas empresas se dieron cuenta rápidamente que la respuesta era no. La gente necesita a otra gente, la gente necesita tecnología y la gente necesita espacios en los que se junten la tecnología y la gente.

En la actualidad, muchas empresas han empezado a hacer que sus empleados vuelvan a la oficina para fomentar la colaboración y recuperar el sentimiento de conectividad con la organización.

A pesar de los muchos pros y contras mencionados de compartir instalaciones frente a distribuir el trabajo, los profesionales del capital inmobiliario afirman que el debate ha puesto de relieve la medida en la que el entorno físico influye en el rendimiento organizativo y en los resultados empresariales.

Las empresas líderes saben que esto implica algo más que simplemente juntar a la gente en edificios con su nombre. Supone ir más allá de la estética del entorno para crear lugares que realmente ayuden a las personas a comprometerse de forma más plena con su trabajo, que les ayuden a confiar en los compañeros de otros lugares y que les permitan innovar con mayor rapidez. Las empresas han aprendido, y ahora se preguntan cómo crear ambientes laborales a los que la gente quiera realmente ir a trabajar.

El reto al que nos enfrentamos es crear espacios a los que la gente quiera ir a trabajar, conectarlos entre sí y aumentar sus interacciones para ofrecer organizaciones más creativas, innovadoras y colaborativas.

Usted y su espacio

El otro elemento que tiene que entender es sencillo, es usted mismo (o la persona a la que le asigne el trabajo). Si presuponemos que tiene a la persona adecuada para el puesto (si no, eso es algo que queda fuera del alcance de este libro), ¿cómo la ubica en el lugar correcto?

En su libro Work, Happiness and Unhappiness, el autor Peter Warr pone de manifiesto varios tipos de personalidad diferentes. Warr, profesor emérito de psicología, entiende las diferentes reacciones que tendrá la gente frente a diferentes estímulos. Las diferencias a las que se remite son, por una parte, culturales, demográficas y ocupacionales; por ejemplo, hay quienes valoran más el compromiso personal a la hora de dirigir una empresa, mientras que otros no lo harán. Examina la personalidad, la genética y la felicidad, pues parece que algunas personas son más genéticamente propensas a la felicidad que otras, mientras que algunas prosperarán en un entorno ajetreado y otras no.

Identifica de forma decisiva la diferencia entre introvertidos y extrovertidos, así como sus diferentes necesidades. Las personas extrovertidas quieren más contacto social y disfrutarán barajando ideas con otra gente, por lo que su concepción del lugar ideal para trabajar (sujeta a estar en el sitio adecuado para la tarea) será diferente a la de una persona introvertida. Está claro que la persona introvertida se inclinará desde el principio por una función más «privada».

Oiga la diferencia

Sin embargo, una vez que alguien está en el lugar adecuado haciendo el trabajo adecuado, empezará a darse cuenta de que hay cosas que van bien y otras que van mal. Uno de los factores principales que afectan al buen funcionamiento del lugar de trabajo es el nivel de ruido. Debe tenerse en cuenta la acústica del espacio y realizarse algún tipo de división acústica por zonas.

La acústica de la oficina es más importante de lo que piensa mucha gente. Piense en una reunión casual típica en la que cogen un café y se sientan en una cafetería de espacio abierto para hablar de algunas cosas y a veces tienen que esforzarse para poder oírse. No es que haya un ruido de fondo terrible, porque no hay mucha gente cerca. Es por el ruido de paso. Los arquitectos han cometido dos errores clásicos:

Suelos de madera. Aunque la cafetería tiene moqueta, los pasillos son de madera y, por tanto, alguien que lleve tacones hará mucho ruido.

Esto se ve exacerbado por el segundo problema.

Paneles de cristal en vez de paredes bajas bajo las barandillas de las escaleras que dan al piso de abajo. Da un aspecto muy dramático y en los edificios modernos se suelen poner paredes de cristal. Suelen gustar, son elegantes y hacen que todos los ruidos reboten y hagan eco por todas partes.

Sin que se nos acuse de discriminar a las personas mayores (para nada), diremos que el más joven de los dos coautores de este libro tenía cuarenta y tantos cuando nos reunimos informalmente por primera vez, y ambos podemos afirmar que, en el curso natural de la vida, el oído se deteriora a medida que lo hace nuestra edad. Esto significa que, cuanto más ruido de fondo haya (un ruido que puede que no moleste a alguien de 21 años), más problemas tendrán sus compañeros de más edad. Los edificios construidos con materiales que favorezcan el ruido van a complicar las cosas más de lo necesario. Esto puede evitarse con planificación.

Podemos adelantarnos un poco y reflexionar sobre lo que dice sobre edificios de trabajo y sobre su arquitectura Julian Treasure, gurú del sonido y de la comunicación y autor del libro Sound Business. Más adelante llegaremos a conocerle un poco mejor, pero durante la entrevista afirmó que «cuando se encarga a un arquitecto que diseñe un edificio, lo primero que hace son muchos dibujos. Nunca nos dice como será el sonido».

Seamos justos con los arquitectos, probablemente hay muy poca gente que les pregunte por el sonido y la acústica, pero ¿cuál es la mayor distracción cuando intenta trabajar?

Estudio de caso:
Plantronics

George Coffin, gestor de instalaciones de Plantronics, explicó el proceso de diseño de la oficina desde el principio. La acústica formó parte del programa desde el primer día, al igual que la idea de los trabajadores que se encuentran fuera de la oficina. Explica que la construcción de un edificio para un personal flexible, en el caso de Plantronics, consistía en analizar en primer lugar el trabajo que se estaba realizando y en descubrir quién había estado trabajando en la oficina en un momento determinado. Esto era igual de importante que determinar lo que iban a almacenar. «A todos los que fueran a trabajar en el edificio tres o más días a la semana se les asignaría una mesa en un espacio abierto», dice. El coste del espacio de almacén era una prioridad y pudimos reducir el espacio necesario al enseñar a los empleados a no guardar efectos personales en el trabajo, algo que suelen hacer, y a disminuir la cantidad de objetos que necesitaban. Una vez más, esto se consiguió a través de un examen.

Un elemento esencial para la tarea (y un ejemplo que pueden seguir muchas empresas) fue poner en común las ofertas de acústica. Fue un proceso complejo debido a algunos de los requisitos iniciales. Puesto que Plantronics estaba encargando un nuevo edificio, quería implantar algunas ideas revolucionarias. Coffin afirma que la empresa no quería demasiadas paredes o pasillos y que tenía en mente deshacerse de todas las puertas posibles. «Las puertas, los pasillos y las paredes quitan espacio y, por lo tanto, son un malgasto de dinero», asegura. «Cada metro cuesta dinero y mi trabajo como encargado de las instalaciones es ahorrar costes a la empresa».

Sin embargo, la verdadera esencia del proyecto llegó cuando hubo que ocuparse de la acústica. Para ello se contrató a Colin Rawlings, director técnico de la empresa especializada Acoustix, que explica que hay varios errores típicos que cometen los arquitectos. «Los requisitos de Plantronics eran bastante comunes, pero lo que hago yo normalmente es incluir mejoras una vez finalizado el edificio», afirma. «No es lo normal hacerlo en la fase de diseño». Le suele ocurrir con frecuencia que llega a unas instalaciones con cristal por todas partes y superficies duras, como la madera, que hacen que los ruidos reboten y se amplifiquen por la empresa.

Algunos de los requisitos que pudo cumplir su empresa se pueden aplicar con la misma facilidad a un edificio ya construido que a un proyecto nuevo.

- Placas de cielorraso: el ruido rebota en muchas superficies, y el techo es una de ellas. Al precisar la construcción de ur techo de placas de cielorraso que absorbe el ruido, Acoustix consiguió neutralizar al menos una fuente de ruido.

- Espacio celular: el objetivo es la claridad y la privacidad a la hora de hablar. Las teleconferencias resultan especialmente difíciles cuando el sonido rebota en la sala de reuniones, pues genera eco y empeora la inteligibilidad.

  Para reducir el eco o la reverberación se puece emplear espuma acústica en las paredes, bajo un decorado agradable a la vista. La espuma que emplea Plantronics es la que produce BASF.

  Hay que comprobar que todas las paredes están selladas hasta el techo y que las puertas tienen juntas adecuadas. El sonido se cuela como el agua, literalmente, y si hay un hueco por el que pueda pasar, lo hará. «Mucha gente invierte una gran cantidad de dinero en muros de separación, perc a menudo es dinero malgastado porque no tienen puertas bien selladas», afirma Rawlings

- Oficina sin tabiques: es difícil concentrarse en oficinas sin tabiques cuando hay mucho ruido.

  Incorporar un s stema de absorción en el techo es un buen comienzc, así como emplear moqueta en vez de suelos de madera duros.

También es conveniente incluir absorción en las paredes de las salas de reunión cerradas con un recubrimiento de espuma acústica (que, si se desea, puede recubrirse a su vez con un decorado para que no parezca demasiado industrial).

Puede utilizarse material de bloqueo, como pantallas para las mesas.

Sonido de fondo: cobertura con un sistema de sonido que mitigue el ruido no deseado.

En resumen, recuerde el ABC de la acústica:

A – Absorber el ruido cerca de la fuente con paneles de absorción, como la espuma BASF, o empleando un techo apropiado de paneles de cielorraso.

B – Bloquear el recorrido directo del sonido, juntas en las puertas, etc. de las salas de reunión y pantallas para las mesas en los espacios abiertos.

C – Cubrir y ocultar el ruido no deseado o que distrae al aumentar el nivel de ruido de fondo mediante un sistema para cubrir el ruido.

Plantronics puso en práctica el estudio sumamente fiable que presenta Jeremy Myerson en su libro New Demographics, New Workspaces. Sus oficinas cuentan con cuatro zonas acústicas para concentración, colaboración, comunicación y contemplación (véase más adelante y consúltese la ilustración).

No espere que todo funcione a la primera. Al principio, Plantronics tenía un sistema para cubrir el ruido de fondo en todas las salas de reunión y realmente ocultaba los niveles de ruido que procedían de otras habitaciones. Sin embargo, esto también implicaba que las personas tenían que hablar más alto dentro de las salas (los elementos usados para absorber el ruido también absorbían los sonidos deseados). Se desconectaron estos elementos y fue suficiente con el bloqueo de ruidos de otras salas.

En términos de cambios y lecciones aprendidas, Coffin explica que el ciclo tiende a repetirse en sietes. Después de siete días empiezan a surgir cuestiones individuales (empleados que necesitan que se les ajuste la silla o la mesa, nada grave). A las siete semanas se convierten en problemas de departamento (por ejemplo, más espacio de almacén para toda una sección). Tras siete meses empiezan a aparecer tendencias a escala de la empresa y la gente se da cuenta de lo que funciona y de lo que no. Una de las cosas que salió a la luz en esta fase de los siete meses fue el bloqueo excesivo de sonidos; la compañía incorporó más paredes blandas en todo el edificio para absorber más ruido (incluida una pared de 22 m con gráficos en el acolchado y no en las paredes como antes). Asimismo, aumentó la amortiguación del ruido de la zona de recepción. En muchas empresas, esta área es una de las más ruidosas del edificio y ahora, según afirma Coffin, es un lugar agradable para trabajar y por el que pasar.

Los cuatro espacios C de acústica

(de Myerson's *New Demographics, New Workspaces*)

Los espacios para concentrarse...

no solo son necesarios, sino que resultan absolutamente fundamentales para compensar una presencia excesiva de lugares de trabajo abiertos (inapropiados).

pueden ser salas independientes, cabinas especiales o áreas específicas de la oficina principal.

eliminan el ruido y las distracciones.

requieren protocolos de trabajo estrictos para dichos lugares.

se encuentran lejos de instalaciones ruidosas ccmo cocinas, cafeterías, salas de impresión y áreas sociales.

disponen de configuraciones ajustables y ergonómicas.

tienen ventanas ccn luz natural y están conectados con el mundo exterior.

están equipados con tecnología acústica de bloqueo y con sistemas de transformación del sonido.

Los espacios para colaborar...

disponen de lugares de proyecto en los que extender datos, hojas y docJmentoS.

no presentan problemas de confidencialidad o para recoger una vez finalizado el proyecto.

pueden reservarse para un día, una semana o Jn mes.

pueden adoptar uา carácter determinado durante cierto tiempo, según requiera el proyecto.

tienen forma de estudio: superficies amplias, pizarras blancas, bolígrafos, capturas de imágenes digitales.

tienen paredes visuales amplias y mesas «de cocina».

cuentan con configuraciones de trabajo móviles y flexibles.

acaban con los silos departamentales/funcionales.

disponen de una luz dinámica y ajustable para conseguir el ambiente y la actitud adecuados.

Los espacios para contemplar...

permiten descansar del trabajo en sesiones de entre 10 minutos y varias horas.

tienen un aspecto similar al de una casa.

permiten recuperarse del estrés y del ruido de la oficina principal.

son tranquilos y están cerrados, no es el lugar para hacer llamadas o hablar muy alto.

tienen muchos elementos naturales y orgánicos, como gran cantidad de plantas, agua, etc.

disponen de luz ajustable, muy diferente a la oficina central.

sobre todo, son tranquilos y están cerrados.

Los espacios para comunicarse…

tienen una muy buena protección acústica para encuentros animados no moderados.

ofrecen una combinación de colaboración/comunicación cara a cara y virtual.

bloquean el ruido exterior y garantizan privacidad y confidencialidad.

pueden presentarse en una variedad de salas «con paredes» y espacios abiertos.

Cada uno de estos espacios tiene sus propios requisitos desde el punto de vista general de la topología, pero lo más importante es el elemento acústico. Según las directrices anteriormente fijadas, es posible lograrlo: sin puertas. Esto permite ahorrar el coste inmobiliario de construir celdas individuales para los momentos de concentración, salas de reunión con un buen aislamiento acústico para comunicarse y trabajar en equipo y áreas tranquilas de contemplación. Se suele hacer incluso sin paredes o puertas, como en el caso de Plantronics. La ilustración que aparece a continuación muestra la forma en la que Plantronics ha incorporado las cuatro zonas acústicas.

ZONAS DEL LUGAR DE TRABAJO
PARA UN TRABAJO INFORMATIVO PRODUCTIVO

CONCENTRARSE

- Trabajo individual específica
- Espacio tranquilo y cerrado
- Privado

COLABORAR

- Debates en grupo
- Presentaciones
- Audio/videoconferencias
- Sesiones de ideas
- Área para reuniones formales

CONTEMPLAR

- Tiempo de descanso
- Comodidad
- Recuperar energías

COMUNICARSE

- Combinación de colaboración/comunicación cara a cara y virtual
- Protección acústica muy buena
- Mesas de trabajo fijas o flexibles

Fuente: *New Demographics, New Workplaces* Jeremy Myerson et al

El impulso para estos cambios espaciales tiene que venir desde lo alto de la empresa e ir bajando, y resulta esencial que la cultura empresarial se ajuste a ellos o que la compañía ya disponga de una filosofía adecuada.

Hay algunos trucos sencillos que se pueden aplicar para ocultar el ruido. Algunos de ellos aparecen recogidos en la obra A Guide to Office Acoustics de la British Association of Interior Specialists (Asociación Británica de Especialistas de Interior).

Las salas de reunión circulares gozan de popularidad entre las empresas y normalmente son de cristal; para evitar ruidos excesivos, hay que asegurarse de que tienen moqueta y un techo de fibra mineral que evite la reverberación.

Recuerde que hay dos tipos de control acústico: la absorción, que se ocupa de la reverberación en el interior de un espacio, y el aislamiento, que se encarga de transferir el ruido de un área a otra. Es importante saber con cuál de ellos se está trabajando a la hora de diseñar los espacios para cada una de sus tareas.

Independientemente de lo que decida hacer con el ruido en su organización (y los autores le recomiendan que se lo tome en serio), compruebe los requisitos legales mínimos. Las leyes cambian, por lo que no vamos a recoger en este libro las disposiciones en vigor, pero las oficinas suelen estar exentas de regulaciones sobre ruido en el trabajo. Si le preocupa esta cuestión, puede consultar www.hse.gov.uk para el Reino Unido y sus equivalentes de otros lugares del mundo, pero fíjese siempre como objetivo superar el requisito mínimo. Esto hará que su personal se esfuerce más.

Analice su lugar de trabajo

Sin embargo, antes de empezar y antes de poner en marcha un plan para cambiar el sitio en el que trabaja, pensemos en el personal. ¿Qué clase de espacio de trabajo quiere en realidad?

No es una pregunta trivial y no debe pasarse por alto, aunque resulta curioso porque esto es lo que hacen la mayoría de los empresarios. Se olvidan por completo de consultar a los compañeros que trabajarán en estos lugares, o a su alrededor. La historia corporativa actual está plagada de empresas que realizan algún tipo de encuesta espontánea tipo Gallup sobre la satisfacción general de los empleados. Se trata de una herramienta potente, pero se necesita algo más específico si se quiere realizar una inversión seria para modificar un lugar de trabajo.

Todo esto forma parte de los fundamentos del Índice Leesman creado por Annie Leeson y Tim Oldman, cofundadores de Leesman.com (de LEESon y OldMAN). Este índice, establecido en el 2010, puede considerarse como el primer instrumento de satisfacción con el lugar de trabajo realmente independiente. De hecho, uno de los autores (Philip) se encuentra en su junta consultiva.

Gracias a la tecnología web, el Índice Leesman pide a los asociados que clasifiquen y valoren las actividades y que puntúen su satisfacción con el entorno laboral. El índice tiene en cuenta la demografía de los edificios y del personal y genera resúmenes de actividad y valoraciones generales de la satisfacción de los trabajadores. Esto puede relacionarse directamente con la productividad (más sobre esta cuestión más adelante).

Sin embargo, hay que tener en cuenta que, aunque este sistema se refiere específicamente a la gestión de los lugares de trabajo, no tiene por qué ser obligatoriamente una oficina tradicional.

Control de satisfacción con el lugar de trabajo de Leesman

Leesman es el líder de la medición de la efectividad de los lugares de trabajo corporativos, y el Índice Leesman se genera a partir de la mayor base de datos actual disponible de encuestas sobre satisfacción con el lugar de trabajo. Ofrece un acceso fácil a pruebas fundamentales y empíricas que facilitan información sobre el diseño y la gestión de entornos de oficinas comerciales. Su encuesta y sus instrumentos analíticos ofrecen un enfoque poco costoso y sistemático para la recolección, el análisis y la comparación de datos sobre la satisfacción con el lugar de trabajo, así como para la creación de una medida universal única para la eficacia, el LMI.

MI LUGAR DE TRABAJO ME PERMITE SER PRODUCTIVO

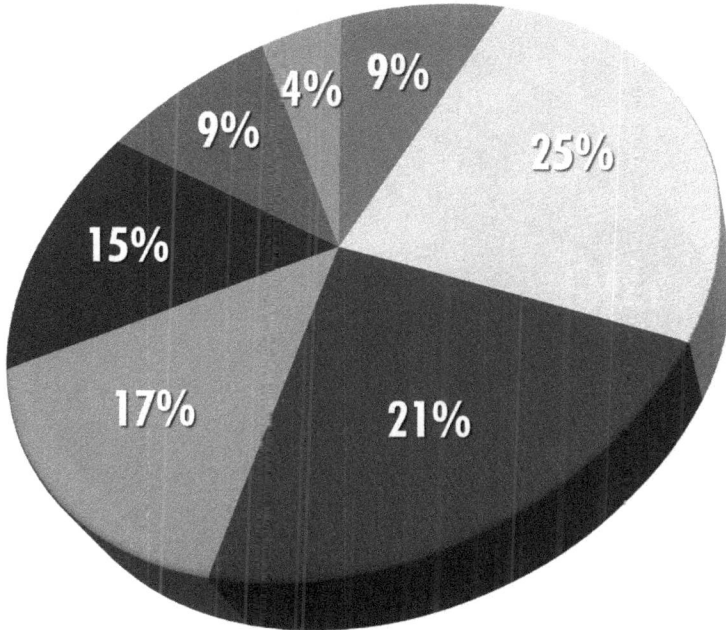

	MUY DE ACUERDO	8,8%
	DE ACUERDO	5,1%
	LIGERAMENTE DE ACUERDO	21,2%
	NI DE ACUERDO NI EN DESACUERDO	16,7%
	LIGERAMENTE EN DESACUERDO	14,8%
	EN DESACUERDO	9,1%
	MUY EN DESACUERDO	4,4%

ESTOY ORGULLOSO DE MI LUGAR DE TRABAJO Y SE LO ENSEÑARÍA A LAS VISITAS

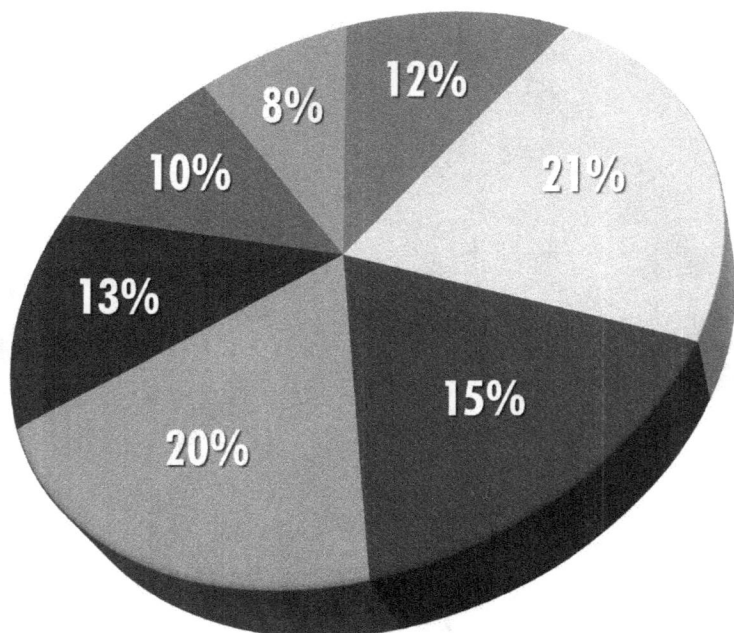

MUY DE ACUERDO	12,1%
DE ACUERDO	21,7%
LIGERAMENTE DE ACUERDO	15,3%
NI DE ACUERDO NI EN DESACUERDO	19,5%
LIGERAMENTE EN DESACUERDO	13%
EN DESACUERDO	10,3%
MUY EN DESACUERDO	8,1%

ME PARECE IMPORTANTE EL DISEÑO DE MI LUGAR DE TRABAJO

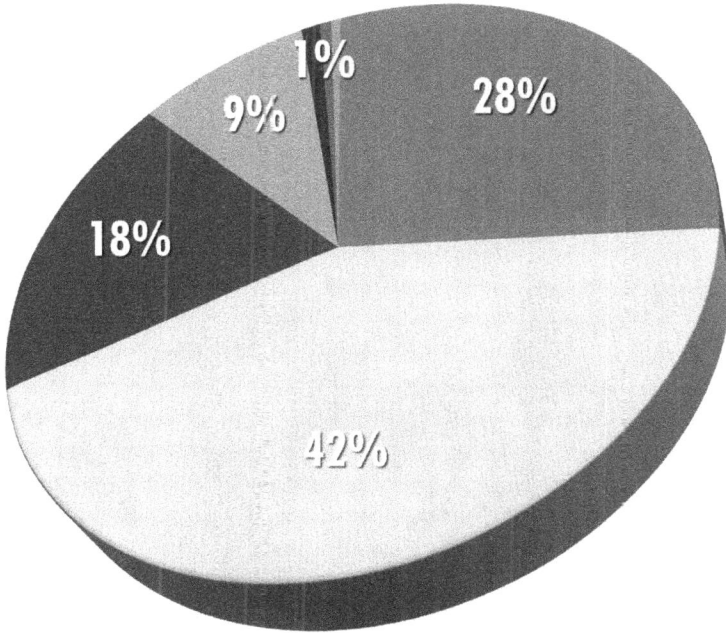

MUY DE ACUERDO	28%	
DE ACUERDO	41,9%	
LIGERAMENTE DE ACUERDO	18,4%	
NI DE ACUERDO NI EN DESACUERDO	9,3%	
LIGERAMENTE EN DESACUERDO	1,3%	
EN DESACUERDO	0,6%	
MUY EN DESACUERDO	0,5%	

MI LUGAR DE TRABAJO CREA UN ENTORNO AGRADABLE PARA TRABAJAR

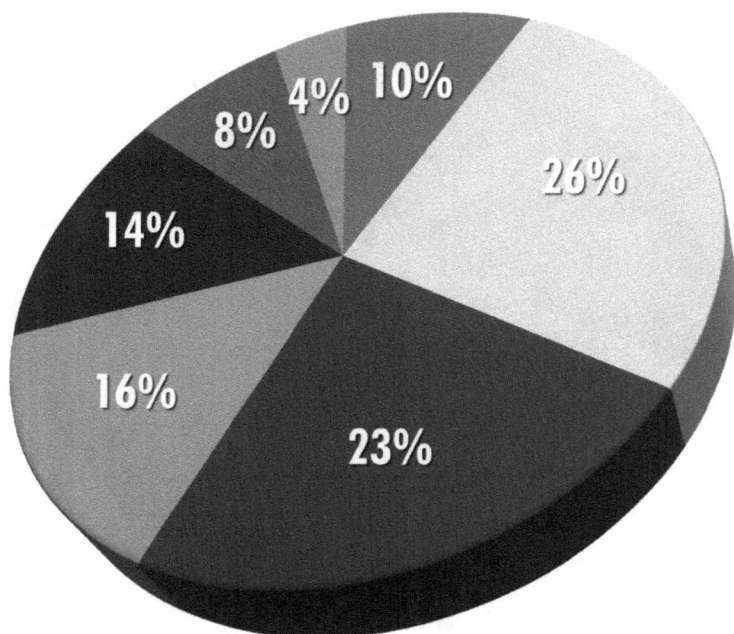

MUY DE ACUERDO		10%
DE ACUERDO		25,5%
LIGERAMENTE DE ACUERDO		22,9%
NI DE ACUERDO NI EN DESACUERDO		15,7%
LIGERAMENTE EN DESACUERDO		13,9%
EN DESACUERDO		8%
MUY EN DESACUERDO		4%

La encuesta

Las preguntas se centran en cuatro áreas principales. La primera de ellas determina las actividades que son importantes para los empleados y la medida en la que el lugar de trabajo las apoya. La segunda examina la satisfacción con las características físicas importantes y los servicios prestados por las instalaciones de la oficina. Por último, se demuestra el impacto que tiene el diseño del lugar de trabajo para la imagen y la cultura corporativas, el orgullo, el disfrute, la comunidad y la productividad del trabajo.

La información se recaba a través de un cuestionario confidencial en línea que los empleados cumplimentan en una media de 11 minutos. La encuesta consta de un conjunto fijo estandarizado de preguntas simples y fáciles de entender y una serie opcional de módulos adicionales flexibles. Esto ofrece a las organizaciones y a sus asesores una capacidad única para comparar sus resultados con miles de resultados más y, al mismo tiempo, recopilar información de diagnóstico detallada y precisa. A continuación se almacenan los datos en un potente sistema en línea denominado Leesman Analytics (analíticas Leesman).

Nuevos lugares de trabajo

Al comienzo de este capítulo hicimos referencia a los diferentes tipos de lugares de trabajo comunes que, tradicionalmente, han resultado válidos. Sin embargo, los autores de este libro consideran que hay tres entornos laborales que podrían ser de mayor utilidad en el siglo XXI.

Se trata de oficinas, fábricas o el lugar que alguien utilice como espacio fijo para trabajar que sean más inteligentes. No importa el tipo de oficina que tengan, siempre y cuando se divida en las zonas acústicas adecuadas y permita desempeñar las tareas de la mejor forma posible.

En casa: en el caso de los trabajadores descentralizados o quienes trabajan desde casa, ni que decir tiene (aunque lo diremos de todas formas) que debe analizarse la casa desde el punto de vista laboral del mismo modo que se hace con otros espacios. Una vez más, esto implica empezar desde las tareas e ir avanzando. ¿Es el lugar adecuado para llevar a cabo esa tarea? ¿Resulta apropiado como lugar de trabajo? ¿Es la persona que realiza la actividad adecuada para trabajar a distancia?

En otros lugares: esta es la opción de la que se olvida la gente. Cuando nos reunimos en la cafetería. El lugar ad hoc. El lugar de trabajo compartido.

Hay muchos lugares como estos para comenzar una empresa, desde los espacios ejecutivos compartidos del Canary Wharf de Londres a los que ya nos hemos referido hasta los sitios más básicos con algo de WiFi, una mesa y poco más.

Todos ellos resultarán apropiados en momentos diferentes y, en este último caso, en etapas diferentes del desarrollo de una empresa. Los lugares de trabajo sencillos y baratos serán adecuados, por ejemplo, para una empresa emergente; mientras que los entornos más profesionales resultarán apropiados para alguien que quiera llevar a sus clientes a un sitio un poco «elegante».

En las próximas páginas se recoge una visión general de los numerosos espacios de entre los que se puede elegir: para qué se usan normalmente, a quiénes les gusta trabajar en ellos, errores que evitar y recomendaciones para aprovecharlos al máximo.

NUEVOS ESPACIOS

OFICINAS

SALAS TRANQUILAS Lugares pequeños y cerrados con privacidad acústica

ÁREAS TRANQUILAS Cómodas y atractivas, diferentes entornos laborales para las personas, poco ruido

ÁREAS DE COLABORACIÓN Cómodas y adaptables a las necesidades del grupo, situadas lejos de zonas tranquilas

CENTROS SOCIALES Lugares «aislados» para relajarse en grupo o de forma individual, con refrigerios

OTROS LUGARES

LUGARES PARA INSPIRARSE Entornos estimulantes como galerías de arte, museos o sitios al aire libre

ESPACIOS NEUTROS Un lugar en el que organizar reuniones fuera del territorio corporativo

LUGARES DE TRANSICIÓN Espacios públicos utilizados al desplazase, como cafeterías y medios de transporte

CASA

LA CASA O LA HABITACIÓN DE UN HOTEL Un lugar privado, pacífico y cómodo

SALAS TRANQUILAS

ACTIVIDADES DE TRABAJO

Plazos cortos

Detalladas, proceso de trabajo (ej., análisis de datos)

Conversaciones privadas

Llamadas de teléfono

Requieren atención no prevista

Reuniones personales cortas, privadas

ESTILO PERSONAL

Necesito paz y tranquilidad

Las ideas vienen de mí, no de fuera

Podría necesitar apoyo/colaboración

externo en algún puntot

PELIGROS POTENCIALES A EVITAR

No suelen ser cómodas para períodos largos

La gente puede ver que tiene una llamada/reunión privada

No lo considere una oficina privada

APROVECHANDO AL MAXIMO

Utilice estas salas para trabajo especializado «no previsto» o haga una reserva previa

Siéntese en línea con la puerta, no de espaldas a ella

Deje claro que no quiere interrupciones

ÁREAS TRANQUILAS

ACTIVIDADES DE TRABAJO

Períodos más largos que los aceptados para utilizar las salas tranquilas

Lectura Reflexión profunda

Trabajo detallado específico

ESTILO PERSONAL

Necesito paz y tranquilidad para concentrarme

Podría necesitar apoyo/colaboración externo en algún punto

Necesito espacio para pensar tranquilamente

PELIGROS POTENCIALES A EVITAR

Estas zonas no ofrecen «privacidad» como tal

Aún podrán encontrarle/interrumpirle

La colaboración con otras personas puede molestar a quienes trabajan cerca

APROVECHANDO AL MAXIMO

En un entorno tranquilo, podría ser su mesa en una oficina sin tabiques

Traiga todo el material que necesite y póngase cómodo para poder concentrarse durante más tiempo

ÁREAS DE COLABORACIÓN/SALAS DE EQUIPO

ACTIVIDADES DE TRABAJO	ESTILO PERSONAL
Actividades de grupo planeadas formalmente Núcleo del equipo del proyecto y de los materiales	Trabajo en conjunto Necesito sumergirme en el proyecto

PELIGROS POTENCIALES A EVITAR	APROVECHANDO AL MAXIMO
Garantice una separación adecuada de las zonas tranquilas en las que hay personas que intentan concentrarse	Si fuera posible, reorganice los muebles, etc. para crear el mejor escenario para el equipo Emplee objetos físicos, gráficos, muestras, etc. para construir un modelo mental común del trabajo entre el equipo

CENTROS SOCIALES

ACTIVIDADES DE TRABAJO	ESTILO PERSONAL
Reuniones informales Descansos con los compañeros Reuniones no laborales Trabajo que requiere poca concentración Descansos	Prefiero estar con gente Me gustan los sitios con un poco de ruido
PELIGROS POTENCIALES A EVITAR	APROVECHANDO AL MAXIMO
No es muy útil como espacio extra para trabajar individualmente y concentrado	Permita que haya ruido Algunas oficinas prohíben explícitamente las reuniones especializadas para que los demás puedan relajarse y socializarse Estos espacios funcionan mejor cuando están realmente aislados y es muy importante que tengan una ubicación y un diseño informales

LUGARES PARA INSPIRARSE

ACTIVIDADES DE TRABAJO	ESTILO PERSONAL
Trabajo creativo Creación de equipos Tiempo de reflexión Trabajo individual específico	Cambiar de ambiente cambia el estado de ánimo Busco estímulos tanto externos como internos
PELIGROS POTENCIALES A EVITAR	APROVECHANDO AL MAXIMO
Pocos lugares para inspirarse permiten trabajar durante el tiempo que se quiera	Asegúrese de que las instalaciones de trabajo realmente le permiten hacer lo que quiere hacer, o traiga todo lo necesario A poder ser, no se complique (cuaderno, lapicero y sus ideas)

ESPACIOS NEUTROS

ACTIVIDADES DE TRABAJO	ESTILO PERSONAL
Reuniones informales Reuniones con clientes o terceras partes Trabajo individual que requiere un compromiso medio Trabajo individual con inspiración externa	Busco un cambio de entorno Quiero un escenario «no corporativo» para reuniones Busco «anonimato» y no «privacidad»

PELIGROS POTENCIALES A EVITAR	APROVECHANDO AL MAXIMO
No es ideal para reuniones o trabajo confidenciales El hecho de que pasan extraños continuamente hace que sea difícil definir y mantener el territorio	Elija lugares memorables para reuniones importantes Cree una burbuja propia en la que trabajar y disfrute de las actividades que se desarrollan a su alrededor sin que le distraigan Utilice el ruido de fondo para cubrir sus conversaciones

LUGARES DE TRANSICIÓN

ACTIVIDADES DE TRABAJO

Mirar el correo

Llamar por teléfono

Leer

Solamente se necesitan instrumentos de trabajo simples

Reflexión profunda

ESTILO PERSONAL

Puedo desconectar de las distracciones externas

Puedo llevar a cabo la tarea sin mucha concentración

PELIGROS POTENCIALES A EVITAR

Poca privacidad auditiva para conversaciones confidenciales

Tenga cuidado de no molestar a otras personas

Las tareas específicas pueden requerir disciplina/inmersión en el trabajo

APROVECHANDO AL MAXIMO

¿El tiempo justo para hacer algunas cosas rápidas? ¿Tiempo suficiente para sumergirse en sus pensamientos?

Espacio: encuentre un lugar con el menor ruido posible de tráfico de personas

Como alternativa, utilice este tiempo para desconectar y relajarse

LA CASA O LA HABITACIÓN DE UN HOTEL

ACTIVIDADES DE TRABAJO	ESTILO PERSONAL
Trabajo profundo y específico Pensar, solucionar un problema Ideas nuevas Trabajo rutinario que lleva tiempo y requiere atención, pero que no es un reto intelectual	Quiero trabajar solo, es un reto Encantado de trabajar solo, es fácil No tengo que esforzarme para concentrarme (es muy interesante, tengo un plazo, etc.)

PELIGROS POTENCIALES A EVITAR	APROVECHANDO AL MÁXIMO
Las tareas que suponen un reto requieren confianza para hacer frente al aislamiento Una interacción social reducida puede no ser lo adecuado El entorno debe estar libre de distracciones (perros, niños, etc.) Un trabajo aburrido puede requerir motivaciones externas, como plazos	Separe los elementos y las tareas del trabajo de los de casa lo máximo posible Póngase cómodo, ya no hay normas de oficina Separe y organice sus tareas, haga descansos entre medias

Fuente: *Work Topology - Practical Guide for the Simply Smarter Office*, Plantronics

Lo que resulta fundamental es que, antes de elegir el lugar, se analicen la tarea y el encargado de la misma, así como las personas de su alrededor. Puede que el lugar de trabajo adecuado se encuentre simplemente observando lo que hay que hacer, en lugar de fijarlo antes de pensar en la tarea que se va a realizar.

Elementos destacados para directivos:

Tiene que encuestar a sus trabajadores para encontrar la solución con más posibilidades de funcionar; confiar en el instinto no es un procedimiento científico.

Resulta fundamental contar con resultados prácticos y precisos en todos los casos. El Índice Leesman únicamente ofrece estos resultados prácticos para tres de las disciplinas fundamentales (espacio, TI y recursos humanos).

Los estudios no terminan una vez concluidos, ya que es necesario revisarlos con frecuencia. A menudo, lo que sucede es que lo que se pensaba que iba a funcionar no lo hace y hay que buscar otra cosa o proponer alternativas.

Su lugar de trabajo es su sello

La sección final de este capítulo está relacionada con su organización y con su cultura en general, así como con la forma en la que se refleja en su trabajo. Sus compañeros y empleados relacionarán su espacio con trabajar para usted, y para las visitas será un reflejo de sus valores. Ya hemos mencionado en este capítulo la recepción en la que había un coche aparcado en el medio, a eso es a lo que nos referimos. ¿Se trata de una empresa estrictamente corporativa y regulada? ¿Es usted un excéntrico consciente de serlo, al igual que algunos otros?

Cuando Plantronics estaba mejorando sus instalaciones actuales, Tim Oldman, en su función de asesor, afirmó con claridad que un buen lugar de trabajo debe ser para el disfrute de los asociados, los clientes, los socios y toda la comunidad de partes interesadas relacionadas. Esto influirá en la responsabilidad social en la misma medida que las propias prácticas laborales.

Tim sugiere que Plantronics debe hacer de la acústica su elemento, puesto que era y sigue siendo una empresa de sonido. Para aquellos lectores que no lo sepan, esta compañía empezó como proveedor de auriculares, aunque ha evolucionado para pasar a la gestión inteligente del sonido a través de manos libres y productos similares. Oldman tuvo la idea de hacer de la gestión del sonido el elemento central de las nuevas instalaciones: un templo acústico.

El equipo de marketing acuñó el término «inteligencia acústica» para describir la necesidad de comprender la acústica humana, del espacio y de las telecomunicaciones. Podría decirse que la propia oficina es un laboratorio en el que la voz es inteligible o ininteligible dependiendo de lo que sea necesario y en el que se analiza el impacto de las palabras. La ergonomía auditiva se ha convertido en una característica principal de la oficina de Plantronics.

Llegados a este punto, el lugar de trabajo empieza a adquirir carácter propio. Los autores de este libro han visto numerosos enfoques (algunos de ellos extremos) para las actividades del lugar de trabajo, e incluso para sus diseños.

Se da por supuesto que habrá una cocina para preparar café y algo de comer. En algunos casos, la empresa incluso insiste en ofrecer a sus empleados comida gratis. En algunas compañías es normal que la gente llegue antes de desayunar y que se sirvan los cereales al llegar. Si se trata de personas madrugadoras que cuando más rinden es justo después de desayunar, la empresa quiere que estén trabajando en ese momento.

Los nombres de las salas de reunión suelen ser una forma de hacer que la organización sea un poco más divertida. Uno de los autores ha estado en los últimos años en dos oficinas de plano abierto con un aspecto bastante normal cuyas salas de reunión se llamaban como las películas de James Bond. Seguramente ambas piensen que son únicas.

Ha habido muchos momentos en los que se ha probado a ofrecer servicios de guardería en el lugar de trabajo. En los 80, había una serie de empresas que estaban orgullosas de tener una guardería interna para el personal. Estos experimentos no duraron mucho, puesto que los padres decidieron que preferían dejar a los hijos en una guardería cerca de casa y recogerlos al volver.

Argumento en contra

Para algunos esto no serán más que bobadas. A continuación indicamos una serie de cosas que pueden salir mal en un entorno con trabajadores a distancia. Haremos referencia a técnicas de gestión específicas que analizaremos más adelante, pero haremos una mención breve:

- El personal no siempre se da cuenta de que alguien está trabajando si no le ven.

- El personal no siempre trabaja cuando no le ven.

- El personal se siente aislado.

- Las casas de los empleados pueden no ser un lugar de trabajo adecuado.

- Exclusión de la cultura corporativa.

No hay duda de que este es el motivo que hace que varias organizaciones hayan decidido formar a sus empleados para trabajar en la oficina y hayan abandonado por completo el trabajo flexible. Resulta sorprendente, pero dos ejemplos destacables se encuentran en el campo de la informática. Tanto Yahoo! como Hewlett-Packard emitieron, con 18 meses de diferencia, comunicados en los que sugirieron que la mejor forma de trabajar es cara a cara, olvidándose de que, para empresas de un tamaño y una dispersión geográfica como los suyos, la opción de cara a cara no suele presentarse con frecuencia.

Los autores consideran que estas empresas se equivocan, pues han sido testigos de que el trabajo más inteligente ha dado resultado en muchas ocasiones

Ámbitos de actuación
para profesionales

Comprenda las actividades clave de su puesto y los espacios de los que dispone para trabajar. Puede que la forma más eficaz de realizar una tarea no sea sentado en la mesa, incluso si únicamente tiene que programar una reunión con un compañero en el comedor mientras toman café en lugar de en uno de sus lugares de trabajo normales.

Entiéndase a sí mismo, descubra el lugar en el que hace bien una tarea concreta y no asuma que ese mismo lugar servirá para todas las actividades.

Busque las diferentes zonas acústicas. Tal vez se hayan formalizado o tal vez no. Encuentre la adecuada para usted.

Cree una cartera propia de lugares de trabajo y descubra las tareas que mejor se le dan.

Ámbitos de actuación
para directivos

Encueste a sus compañeros sobre lo que quieren y lo que necesitan de su oficina en términos de trabajo de forma más inteligente. Insista en una participación total en la encuesta. Si planea una reforma del estilo de oficina como el Big Bang, deje claro a los trabajadores que tienen que hablar ahora o callar para siempre sobre la dirección de la empresa. Recuerde que una encuesta debe contar con diferentes puntos de acción al final, por lo que muchas de las preguntas de «¿le gusta ...?» no servirán para nada. Uno de los autores ha probado el Índice Leesman y por ello lo recomendamos, pero, decida lo que decida, asegúrese de que las preguntas llevan a acciones firmes.

Diseñe su nueva oficina. Si es su antigua oficina más un lavado de cara, muy bien, pero al visualizarla hágalo como si el personal no fuera a estar ahí siempre, como ya decidimos antes. Diséñela de forma que todos puedan sentarse donde quieran y calcule el dinero que acaba de ahorrarse. Considere la idea de eliminar las líneas de teléfono fijas y los gastos derivados.

Cambie sus instalaciones actuales si está capacitado para

ello. Piense en los espacios basados en las actividades y tenga en cuenta las cuatro zonas acústicas: contemplación, concentración, comunicación y colaboración. Cree algo que garantice a todos sus profesionales y a los visitantes un lugar adecuado para sus necesidades en el lugar de trabajo. Si tiene la suerte de estar construyendo un edificio nuevo, tenga en mente todas estas ideas y tenga la inteligencia acústica necesaria para conseguir que el edificio sea parte de su estrategia.

Aplique baremos que le permitan medir los resultados empresariales. Entre estos deben incluirse la retención del personal y los consiguientes ahorros en contratación, la productividad (sabemos que puede resultar complicado medirla con exactitud) y los beneficios derivados de una reducción de los costes relacionados con el espacio necesario para mesas.

Deje parte de sí mismo en la oficina. Recuerde el ejemplo de Google, la oda a la acústica de Plantronics e incluso la excentricidad del maldito coche en recepción. Todos estos casos son manifestaciones de la personalidad de las empresas y de la imagen que querían dar. Su oficina no solo debe ser funcional, sino que, cuando entre el empleado adecuado, debe ser un placer para él. Aunque trabaje a distancia, el ir a la central debe ser una especie de lujo. Esto conlleva beneficios asociados. En las entrevistas para los puestos se hará una autoselección, pues el señorito o la señorita del traje y los zapatos se negará a trabajar en un sitio con una máquina de chicles en la entrada, o, al revés, alguien que prefiera llevar vaqueros y zapatillas no tardará mucho en darse cuenta de que una empresa con un ambiente selecto no es su lugar.

Capítulo 2:

Unirse a la era digital y conseguir resultados

LA TECNOLOGÍA NO LO ES TODO

GEORGE TODAVÍA NO LE HABÍA PILLADO EL TRUCO
A LO DE UTILIZAR BIEN LA VOZ

En este capítulo aprenderá:

- La tecnología disponible y lo que se necesita para dominarla.
- Lo que realmente necesita un trabajador flexible.
- Lo que probablemente ofrezca la situación tecnológica actual dentro y fuera del lugar de trabajo.

La tecnología no lo es todo

¿Dispone de toda la tecnología que necesita para que sus compañeros trabajen de forma virtual? Bien. ¿Cree que lo ha conseguido y que está preparado para trabajar virtualmente? Olvídelo. A menos que haga frente a las cuestiones de gestión relacionadas con cómo hacer que sus empleados mantengan su impacto y su creatividad, ha tirado el dinero.

En el primer capítulo hemos partido del principio de que los lectores quieren mantener la oficina. La oficina es un centro, una base de operaciones. Sin embargo, muchas personas disponen en estos momentos de la oportunidad de trabajar de forma virtual, lo que sigue siendo trabajar, pero desde otra parte.

A pesar de que varias organizaciones optan por el modelo de trabajo completamente virtual, nosotros seguimos pensando que para la mayoría de las empresas es fundamental disponer de un lugar de trabajo físico. No existen sustitutos para el barullo que se crea cuando hay varias personas vendiendo por teléfono en la misma sala, y son muchos los que creen que su motivación se empieza a ver afectada cuando pasan determinado tiempo fuera del radar de la empresa y pierden la concentración. Obviamente, esta no es una buena manera de gestionar una empresa o una entidad del sector público.

Sin embargo, no siempre se necesita una oficina. La razón es sencilla: si hemos llegado hasta aquí es gracias al desarrollo de la tecnología. No obstante, el error que cometen muchas organizaciones es asumir que la tecnología lo hará todo por ellas. No se trata para nada de simplemente automatizar algunos procesos y darles a los empleados auriculares nuevos y bonitos, sino que es un procedimiento complejo de reestructuración humana. Cuando los profesionales se unen a esta recién descubierta libertad de trabajar a distancia, suelen menospreciar los problemas que genera este tipo ce trabajo.

Por ejemplo, trabajar desde casa se basa en gran medida en una comunicación escrita y oral, pues nos reunimos menos cara a cara. Esto puede afectar significativamente a nuestra comunicación, a nuestra colaboración y a nuestra capacidad para hacer participar a los compañeros. Resulta fundamental disponer de nuevas competencias, herramientas y técnicas que aseguren que no se pierde nada por el camino entre los trabajadores a distancia.

En cuanto a los instrumentos, el objetivo es ofrecer equivalentes sumamente fiables para la colaboración por papel o personal (coautorías, empleo de pizarras), al mismo tiempo que se facilita una interacción oral de la mejor calidad posible, con una inteligibilidad perfecta de las voces.

Entonces, si lo permite la banda ancha de la red, el nirvana de la presencia virtual en 3D está a la vuelta de la esquina, ¿no?

Por desgracia, este paraíso no está generalizado. Mientras que las redes de banda ancha permiten el audio de banda ancha (voz de alta fidelidad), la mala calidad de los servicios de las redes de datos y el ruido de fondo suelen ser molestos para un diálogo natural, lo que resulta perjudicial para una comunicación y una colaboración importantes.

La imposibilidad de entender a un compañero o a un cliente que está lejos frustra el objetivo de una reunión virtual y hace que se alcancen niveles negativos de compromiso colaborativo virtual. Las funciones profesionales de las TIC deben realizar un gran esfuerzo para garantizar que equipos como teléfonos (fijos, informáticos y móviles) y manos libres para conferencias funcionan de forma adecuada, así como que cuentan con el respaldo de accesorios (auriculares o micrófonos adicionales) y se complementan con redes de gran calidad para garantizar que los niveles de compromiso no se vean afectados.

Bien, analicemos con más detalle lo que realmente necesita.

El avance de las TIC

Probablemente sea apócrifa, pero hay una historia popular que afirma que un vicepresidente ejecutivo de una compañía informática importante dijo en los años 50 que llegaría un día en el que el mundo necesitaría hasta cinco ordenadores, y que uno de ellos incluso podría necesitar hasta 64 megas de memoria. Algunas versiones afirman que era una compañía de telecomunicaciones, otras que era un fabricante de máquinas de escribir. Nosotros creemos que fue un periodista borracho de noche que pensaba en lo rápido que se aceptaría la idea si él se inventaba algo así. Las pruebas escritas que demostraban que alguien dijo realmente esta frase han desaparecido misteriosamente (al menos esto debe ser cierto); estaba en Wikipedia.

Lo importante es que nadie pensó en ningún momento que íbamos a depender de los ordenadores como lo hacemos. En los años 50, los ordenadores eran grandes aparatos que daban miedo. Algunos eran de mucha utilidad en el sector industrial, pero la mayoría se volvieron locos e intentaron dominar el mundo en las series y películas de los 60. Gran parte de ellos no eran ordenadores de verdad.

Los ordenadores de verdad se ocupaban de las cuentas o de hacer que fuera posible la aparición del Moonshot en 1969. La mayor parte del trabajo informático se realizaba en servidores de gran tamaño con grandes cintas de carrete y se dedicaba a servicios de contabilidad. Principalmente realizaban operaciones de cálculo, lo que fue el primer indicio de que algún día los departamentos de contabilidad estarían automatizados.

Si nos adelantamos hasta los 70, seremos testigos de la aparición de la primera señal de que las personas podrían llegar a tener un ordenador personal propio. En el Reino Unido, Sinclair y Amstrad estuvieron a la vanguardia de lo que sería una revolución informática en los hogares y, una década después, IBM creó el ordenador personal, al que seguimos llamando PC a pesar de que las ventas se inclinan definitivamente hacia las tablets en estos momentos (no se ponga triste, ha vivido 35 años, lo que nunca había sucedido en el mundo de la informática con una estructura básica que sigue disponible).

Este es el momento en el que se empezó a expandir la informática, todo el mundo tenía un equipo de procesamiento en el escritorio (entiéndase por «todo el mundo» los «trabajadores del conocimiento basados en una oficina»). La gente empezó a familiarizarse con la idea de que era normal tener una pantalla en casa y en la oficina, aunque los modelos de portátiles que conocemos en la actualidad tenían un precio prohibitivo.

Si seguimos avanzando un poco más, veremos que la tendencia de tenerlo todo en su ordenador de mesa empieza a perder ligeramente su atractivo. Hay buenas razones para ello. Quienes han tenido un virus en el ordenador saben que arriesgarse a tenerlo todo en un único lugar no es ni inteligente ni deseable. Hay motivos de peso para guardarlo en otros sitios. Las oficinas pueden quemarse y los datos pueden perderse por errores de usuario menos dramáticos. Desde un punto de vista más práctico, la gente empezaba a editar documentos en diferentes dispositivos. Podían conectarse y empeza a redactar un documento en el trabajo y, al llegar a casa, seguir trabajando con él. En los 80 y en los 90, lo más probable es que se lo llevara en un disco.

Era una buena opción, a menos que alguien más también se lo hubiera llevado a casa en otro disco para seguir trabajando. En estos casos se producía el «síndrome de la versión múltiple», la pesadilla de toda persona creativa. Jeanette ha hecho un trabajo brillante al actualizar el documento, pero Bryan también, que lo ha modificado en otra dirección. Mientras tanto, Lars ha empezado a traducir el original porque no se dio cuenta de que los otros dos se habían puesto a trabajar con él otra vez. Alguien tendrá que incorporar todos los cambios y el proceso será lamentablemente improductivo.

(Nota: los lectores más agudos estarán pensando «oye, eso es un problema de comunicación interna, no de tecnología», y tienen razón. El trabajar de forma más inteligente tiene tanto que ver con un empleo inteligente y apropiado de la tecnología como con disponer de la tecnología en primer lugar).

Por lo tanto, varias compañías empezaron a ofrecer lo que llamaron prestación de servicios de aplicación. Incluía el almacenamiento de datos y verdaderas aplicaciones externas; era posible conectarse y utilizar el servidor de otra persona independientemente de si estaba en casa o en la oficina. Al principio no fue más que un fracaso, pues las cinco personas de toda Europa que disponían del equipo adecuado para conectarse a un servidor remoto se cansaron de esperar a que dicho servidor respondiera a las órdenes. Al llegar al siglo XXI, la banda ancha se generalizó ligeramente y esta técnica de utilizar el ordenador de otra persona como si fuera el suyo (a veces denominada virtualización si tiene todo su ordenador alojado, a veces alojamiento y a veces nube si únicamente aloja pequeñas partes) empezó a desplegar sus alas. Google llevó esta práctica a la fama con la aparición de Google Docs, que dio lugar a las Google Apps de pago (mínimo). Ya se podía tener una oficina en la nube y escribir y editar sobre la marcha y sin problemas, siempre que la conexión fuera buena.

Los más mayores se mordían la lengua y decían aquello de «todo esto ya lo hacíamos con los servidores hace siglos». Los más jóvenes señalaban sin embargo los beneficios tanto de la colaboración a tiempo real para documentos y proyectos como de las redes sociales. Intercambiar opiniones y conseguir ayuda, a tiempo real ¿cuál es la pega?

Digitalizar el proceso de trabajo

Tenemos que presuponer varias cosas a la hora de hablar de lo que realmente necesita en términos de tecnología para que su vida laboral sea más inteligente. Por supuesto, cebe poder trabajar en diferentes lugares, pero no tiene que ser así siempre. Un dependiente puede trabajar de forma flexible, pero se da por supuesto que la mayor parte del tiempo tiene que estar frente al cliente y no al teléfono o en el correo. Tampoco es muy recomendable que los actores representen su papel por teléfono (aunque sabemos de algunos que bien podrían hacerlo). Sir embargo, hay muchas funciones que ofrecen flexibilidad la mayor parte del tiempo. Y requieren tecnología. A continuación analizaremos algunas de las herramientas que necesitará una empresa para mantener controlado a un personal móvil.

Desde finales de los 70 o principios de los 80 se han creado sustitutos electrónicos para los procesos manuales de las empresas, lo que pasa es que hasta hace poco no los habíamos reconocido como tales. El hecho de ir al cajero y utilizar tarjetas y códigos en vez de ir al banco y firmar un cheque para sacar dinero supone emplear una forma elemental de automatización de los procesos empresariales. Este término se utiliza mucho, pero nunca tiene un significado muy complicado.

Lo mismo sucede con la automatización de la comunicación en la oficina. Necesita dos bases: un directorio de contactos que refleje la presencia (algo que indique que está conectado y preparado/listo para comunicarse) y un sistema de calendario a tiempo real.

Es indispensable que las pequeñas microempresas y las corporaciones más grandes dispongan de un sistema de calendario común sólido como una roca, pero lo más importante son los aspectos prácticos. Si ya no es posible acercarse a la mesa de alguien para preguntarle si está libre para una reunión mañana, tenemos que encontrar la forma de hacer eso mismo de forma automatizada. Hay numerosas alternativas disponibles con un coste no muy elevado, empezando por Google Apps y siguiendo por los sistemas corporativos de flujo de trabajo más sofisticados.

También empezará a depender de la «presencia electrónica», a la que normalmente nos referimos simplemente como «presencia», que permite a sus compañeros de dentro y fuera de la empresa saber si está en su despacho, independientemente de lo que signifique «en su despacho» en ese caso (tal vez fuera más útil decir «disponible»).

Además, hay varios «instrumentos» de comunicación que mejoran la productividad del trabajo a distancia:

Primer instrumento: mensajería instantánea, que permite una comunicación asíncrona (casi instantánea). Es la nueva generación de SMS. El sistema mostrará quiénes están conectados en su ordenador (o smartphone o tablet). No se olvide de desconectarse, por ejemplo, si otra persona utiliza su portátil para una presentación.

Segundo instrumento: la telefonía. Bien sea a través de un teléfono vintage/analógico, digital (voz por IP) o móvil, hace llamadas. Nunca antes habían existido tantos aparatos desde los que se puede llamar. Aquí es donde puede venir bien un poco de dedicación extra para utilizar auriculares que se conecten con varios dispositivos. Los auriculares pueden conectarse al ordenador mediante Bluetooth o USB para realizar llamadas, también al móvil por Bluetooth y a la línea fija (si es que siguen existiendo). Organizar el sistema correctamente, así como el teléfono fijo y la llamada por el ordenador, será una tarea complicada cuando ya está hablando por el móvil. La utilidad de esta idea está clara, pues el usuario no tiene que cambiar de red manualmente en función de si usa Skype, Microsoft Lync, el móvil o el fijo.

Tercer instrumento: telefonía o audioconferencias múltiples. Antes era algo complejo, pero ya no, o por lo menos no para el usuario. Obviamente, desde un punto de vista técnico sí que es un poco más difícil. Hay muchas opciones, desde las líneas corporativas hasta productos para consumidores/pequeñas empresas como Powwownow.co.uk o GoToMeeting. Basta con registrarse en la página y facilitar la dirección de correo electrónico y recibirá un número y un código de acceso. Si se lo facilita a los interlocutores y lo marcan todos, empezarán una llamada en conferencia de una forma muy sencilla. Esta es una solución para acabar con las reuniones cortas e incluso con las reuniones para las que el desplazamiento puede tener un precio prohibitivo.

Cuarto instrumento: videotelefonía y su equivalente para varias personas, la videoconferencia. Una vez más, lo que antes era competencia de los expertos en tecnología ahora se encuentra al alcance de cualquiera que tenga un smartphone o una tablet. Es una buena manera de ahorrar tiempo en desplazamientos innecesarios a reuniones cortas y de hacer que el día sea más productivo.

El quinto instrumento (o la quinta marcha) es la telepresencia de alta definición. Lo mismo que en el punto anterior pero de alta definición. Ya se han realizado mejoras. o están de camino. Guy ya fue testigo de una teleconferencia en 3D en el 2006, y estuvo muy bien, tan solo se marearon aproximadamente un tercio de los presentes. Esto mejorará a medida que evoluciona la tecnología. Empresas como Polycom y otras ofrecen videoconferencias a tamaño real.

Comunicación unificada y colaboración

Este tipo de colaboraciones tienen dos vertientes. Una de ellas es un elemento destinado a los consumidores/pequeñas empresas, llamado redes sociales, y la otra son los aspectos a nivel de empresa, conocidos como comunicación unificada y colaboración. Existen diferentes definiciones de cada una de ellas. Empecemos con las segundas.

CU&C empresariales

La comunicación unificada y la colaboración (frecuentemente denominadas CU o CU&C por quienes lo venden o por quienes ofrecen apoyo técnico) con un estilo de capacidad industrial son una extensión de lo que se solía denominar mensajería unificada. Este sistema recogió los faxes, los mensajes de voz y los correos y los envió directamente a la bandeja de entrada de la gente en vez de al fax, al móvil o a cualquier dispositivo electrónico. Fue una buena idea, pero tenía dos limitaciones:

1. Era estática y no permitía la interacción. Si Guy le envía a Philip un mensaje de texto, un correo, un fax o un mensaje de voz, Philip lo recibe y responde, el mensaje es inerte y el proceso se parece a un intercambio de correos que a una conversación.

2. Obviamente, solo se podría enviar a la bandeja de entrada de Philip. Principalmente se realizaba a través de Microsoft Outlook, que necesitaba complementos

para asegurar su compatibilidad con el formato en el que se encontrara el mensaje, pero fundamentalmente se basaba en un ordenador y más adelante en un portátil.

La comunicación unificada empezó a mejorar este sistema aproximadamente en el 2005, cuando eliminó ambas limitaciones. Este cambio facilitaría no solo el hecho de mandar un mensaje, sino también de comenzar una conversación utilizando los diversos medios de comunicación.

Analicemos un ejemplo teórico de su funcionamiento antes de pasar a un par de estudios de caso reales y volvamos a los autores del libro, Philip y Guy, que viven en dos países diferentes. Guy tiene un problema con una sección del libro que están escribiendo y le manda un mensaje instantáneo a Philip. Guy está sentado en su mesa en Londres, Philip está en los Países Bajos y tiene el móvil con él. Philip responde a Guy a través de una conexión 3G o 4G, pero se dan cuenta de que tienen que hablar. Entonces, Philip coge el móvil y hace una llamada por Skype, tanto de audio como de vídeo (podría haber utilizado el sistema interno Microsoft Lync de Plantronics si Guy fuera un empleado). Al final Philip se da cuenta de que Guy tiene que ver algo para poder entenderlo, por lo que usa un servicio profesional de pago de Skype para transferir esta videollamada a su portátil y comparte su pantalla con Guy.

Todos estos pasos son sencillos, pero acabamos de realizar un recorrido desde un mensaje instantáneo (MI), que básicamente es una versión actualizada de los SMS, hacia una llamada, una videollamada y una pantalla compartida.

Mientras tanto, Guy quiere la opinión de otra persona, por lo que intenta ponerse en contacto con Luis, a quien presentaremos en este capítulo más adelante. Ve que Luis no está disponible, pero, y aquí es donde el hecho de que Luis utilice las redes sociales resulta útil, Guy busca en sus perfiles para ver si ya ha respondido a esta pregunta antes. O puede que uno de sus compañeros vea la pregunta y responda cuando él no esté.

Por tanto, puede ver (esperamos) que la presencia física en la oficina se convierte en una cuestión mucho menos importante que antes.

La comunicación unificada se ha ampliado recientemente para incluir la colaboración, gracias a empresas como MindLink que ofrecen un sistema de control de la comunicación entrante a través del correo, de las redes sociales (públicas) y de los equivalentes empresariales de las redes sociales. La idea es que la comunicación entre y salga continuamente.

Por lo general, las empresas tienen que elegir el tipo de UC que utilizarán.

Redes sociales

No es correcto hablar de redes sociales y de comunicación unificada como dos cosas diferentes, y si en este libro marcamos la diferencia es únicamente por comodidad. Las redes sociales se han convertido en parte de la comunicación unificada y la colaboración, pero se usan con mayor frecuencia en las pequeñas empresas.

La mayoría de los lectores, sino todos, ya estarán familiarizados con Facebook, Google+, LinkedIn, Twitter y el resto de redes sociales disponibles. Puede que incluso algunos hayan leído los libros de Guy sobre este tema (This Is Social Media y This Is Social Commerce).

Las redes sociales tienen numerosas aplicaciones para las empresas. El defensor de la gestión del conocimiento de IBM Luis Suárez, quien reside en España pero trabaja en todo el mundo, utiliza estas redes como medio preferido y, como consecuencia, ha reducido su uso del correo electrónico en un 97 %.

Estudio de caso:

A Luis no le gusta el correo

Suarez started on his email-free journey when he realized that every time he came back from holiday it took him two days to catch up with all of the communications lying in wait for him. Clearly, this wasn't an appropriate way to communicate in business. He also noted that people were emailing him with an issue while he was on holiday and by the time he was back the problem was solved, but he still had to plough through all of his communications to find this out.

Suárez empezó a dejar de utilizar el correo electrónico poco a poco cuando se dio cuenta de que cada vez que volvía de vacaciones tenía que pasar dos días intentando ponerse al día con todos los correos que se le habían acumulado. Era obvio que esta no era la forma adecuada de comunicarse a nivel empresarial. También comprobó que, cuando estaba de vacaciones, recibía correos sobre un problema que a su vuelta ya se había solucionado, pero aún así tenía que leer todo el hilo para saberlo.

Al mismo tiempo, puesto que era directivo de IBM, se encontró con que algunos estudiantes se ponían en contacto con él para que les ayudara con sus tesis, pero la próxima generación no lo hacía por correo electrónico. «Me buscaban a través de mi blog y de repente me di cuenta de que en los últimos ocho o nueve años hablando con ellos nunca había usado el correo». Skype, Twitter, LinkedIn y otras redes, claro que sí, pero la próxima generación no usa el correo (y si hace diez años era la próxima, ahora ya tiene un lugar fijo en el mercado laboral). Además, no hacerlo era algo natural.

Pero lo más importante es que parecía como si el correo hubiera perdido prestigio por usarlo demasiado. Hacía mucho tiempo que había dejado de ser la mejor forma de comunicarse.Muchas veces se ponía en copia a gente únicamente por esa política empresarial de ojo por ojo que afecta a la productividad, y también se utilizaba como sistema para delegar responsabilidades, además de que resultaba muy útil para justificar el trabajo.

Por eso, dejó de usar el correo y se convirtió en su propio conejillo de indias. Nótese que tenía la suficiente experiencia para conseguirlo y podía cuestionar la forma en la que trabajaban otras personas en lugar de tener que amoldarse a ellas.

Las conexiones de las redes sociales, tanto en un sistema corporativo como los sistemas cerrados de IBM como en LinkedIn (por ejemplo), presentan varias ventajas en comparación con el correo electrónico:

Todo el mundo puede ver lo que usted dice, a menos que utilice mensajes privados, y si emplea el modo «privado» es más complicado adjuntar archivos, delegar, enviar invitaciones o añadir listas de cosas por hacer. Es específico y restringido y necesita cumplir su propósito.

Con algunos clicks puede descubrir quién se está poniendo en contacto con usted y, por extensión, el motivo por el que podría estar haciéndolo.

Evita que se trabaje de forma aislada, ya que se comparte todo y la colaboración es obligatoria.

Hay que tener cuidado con lo que se dice, porque todo ello pasará a su historial. La gente sabrá si está fuera y le ayudará cuando le surja una duda para la que tengan solución.

Suárez señala que algunas compañías bloquean los archivos adjuntos de gran tamaño o fijan limitaciones de correo para la cantidad de archivos adjuntos pesados que pueden recibir, y el remitente no lo sabrá hasta después. Por ejemplo, si un proveedor envía un adjunto pesado, podría no llegar.

Otras personas

Quienes quieren unirse a este tipo de comunicación pueden tener problemas en el proceso de aprendizaje. Suárez afirma que se necesita capacidad de adaptación; cuando él empezó se trataba de un movimiento de una persona y ahora es una idea que cuenta con el apoyo de miles de personas. Considera que las estructuras sociales son más constructivas y productivas que las de los sistemas anteriores, motivo por el que las defiende.

Correos mejorados

Ineludiblemente, Suárez es un predicador muy persuasivo. Incluso su vida ha mejorado significativamente desde que ha dejado de recibir tantos correos. Muchas de las cosas que considera negativas del correo se deben a cómo se utiliza, aunque también hay buenos motivos para seguir empleándolo, pero mejor.

Proveedores y consumidores: no todo el mundo tiene la misma influencia que un directivo de IBM. Si una empresa pequeña o un autónomo quiere comunicarse de forma inteligente, tiene que ponerse en contacto con los clientes como ellos se lo pidan. Si no quiere utilizar el correo electrónico, muchas empresas encontrarán rápidamente a alguien que sí quiera.

Presión inter pares: ya está claro que hay una generación que se está alejando del correo, pero en estos momentos se está produciendo la transición. No ha muerto. Estar en transición significa que el cambio no es inmediato, aún no.

Sin embargo, los autores abogan definitivamente por un uso mejorado del correo electrónico, en comparación con la práctica actual en varias empresas. Entre las prácticas negativas que deben evitarse se incluyen las siguientes:

Mezclar los correos de trabajo con los personales. La mayoría de la gente tiene un smartphone que puede recibir mensajes privados y de trabajo, ¡úselo!

Cubrirse las espaldas. Los correos que tienen por finalidad hacerle quedar bien o esconder un error nunca resultan productivos.

Boletines sin límite. Muchas personas se suscriben a boletines con la intención de leerlos, pero pronto dejan de hacerlo. Abandónelos, no es su problema, sino de los autores que no han sido capaces de mantener su interés.

Las redes sociales tienen numerosas aplicaciones. Las huellas digitales han adquirido tanta importancia que las organizaciones de investigación como Gartner incluso afirman que las empresas tienen un «contorno digital» (véase la obra *The Digital Edge.* de McDonald y Rowsell-Jones). No se trata de una mera referencia a un tipo de «contorno de marketing» difuso, sino a la idea de que el contorno físico, los límites de una compañía, se han desplazado dentro del mundo digital. Los autores consideran que este proceso aporta un valor añadido, pues facilita acceso a la compañía en diferentes puntos adicionales y abandona los modelos económicos actuales.

La investigación que recoge Guy en su obra *This Is Social Commerce* refleja esta idea. La tecnología social se utiliza para contratar y contactar con nuevos empleados, para llegar a los clientes, para promocionar, para investigar y para desarrollarse. Si se lo pierde es bajo su responsabilidad.

¿Qué redes sociales elegir?

Existen dos formas de implantar las redes sociales en su empresa. Una de ellas es la nube, utilizando un servidor externo y algún tipo de sistema registrado. La otra es elegir una opción más exclusiva.

La opción pública

Facebook, LinkedIn, Google+ y otras muchas redes sociales ofrecen grupos cerrados o privados para quienes quieren comunicarse de esta forma. Hay muchos motivos que hacen que puedan ser apropiados para las pequeñas empresas:

Precio: en la mayoría de ellas el registro es gratuito. LinkedIn ofrece versiones de pago con funciones adicionales.

Sencillez: muchas personas ya están familiarizadas con las interfaces.

Google+ cuenta con un chat (hangouts) que sirve tanto para hacer reuniones con vídeo como para intercambiar correos. Es un sistema extraordinario de bajo coste.

Algunas de las posibles desventajas son:

Privacidad: nadie está diciendo que Facebook o LinkedIn vayan a cambiar sus opciones de privacidad dentro de poco, aunque debe leer los derechos que les está concediendo al subir fotografías o contenido.

Filtraciones: es muy fácil estar en LinkedIn y Facebook y simplemente olvidarse de que ha leído algo en un foro privado y copiarlo para quienes puedan estar interesados. Con frecuencia surgen quejas en Facebook debido a que no se ha respetado la privacidad, aunque normalmente no tiene que ver con la red, sino con un error de los usuarios.

La opción semipública

Podio, Jive, Yammer (Microsoft) y Jabber (Cisco), entre otros, ofrecen servicios similares a Facebook exclusivamente disponibles para personas internas a su organización o grupo.

Ventajas:

Interfaz familiar

Todo lo que Suárez destaca como ventaja del modelo de colaboración social

Facilidad para compartir documentos y enlaces

Desventajas:

Para bien o para mal, hay quienes rechazan estas redes porque son «otra cosa más a la que prestar atención». Esto se debe en parte a que están sobrecargadas de personas que emplean las herramientas de comunicación de las que disponen de forma incorrecta, pero así son las cosas y no van a cambiar.

Tanto con estas redes como con la versión pública, usted siempre está en territorio ajeno sin pagar por ello. Esto le da a su dueño el derecho de cambiar las reglas del juego y de hacer lo que quiera. Probablemente no lo hará, pero se trata de un lugar de la red que no es suyo, sino de otros, y pueden hacer lo que quieran con él.

La infraestructura central

Para conseguir la automatización del proceso de trabajo de las empresas y una comunicación unificada y una colaboración, obviamente se necesitan elementos esenciales de software y hardware:

Un sistema de trabajo repartido a distancia debe contar con el apoyo del entorno operativo apropiado para la colaboración, es decir, una infraestructura de software y hardware que abarque el vídeo, las pizarras y cualquier elemento posible de comunicación unificada. Microsoft Lync es un ejemplo excelente, al igual que Jabber, el sistema de la competencia de Cisco. En el futuro podrían surgir más. Analice el mercado y encuentre el mejor «pegamento», el más técnicamente elegante, para que sus negocios sigan juntos a pesar de que estén separados geográficamente, y manténgalo al día.

Videocámaras en todos y cada uno de los dispositivos de los clientes, e incluso una sala de vídeo para conferencias de larga duración. Si quiere dar una imagen profesional, no presuponga que valdrá con la cámara del ordenador o del móvil y, si se trata de un dispositivo de mano, habrá mucho movimiento y las líneas visuales pueden no ajustarse bien.

Servidores e infraestructura de redes con una buena banda ancha para la producción de vídeos en múltiples canales. El vídeo requiere mucha capacidad de banda ancha y quienes quieren utilizarlo para chatear necesitan un acceso inmediato.

Seguridad: se da por supuesto. Aceptemos que la «impenetrabilidad» no existe; sus sistemas deben permanecer lo más cerrados posible.

Red privada virtual (VPN): una forma de trabajar más inteligente únicamente resulta factible si los asociados remotos pueden acceder a toda la información y a todas las aplicaciones necesarias para hacer su trabajo. Obviamente, una de las preocupaciones principales de los directivos es ofrecer dicho acceso de una forma más segura. Las VPN facilitan un medio seguro para unidades compartidas, aplicaciones empresariales como la entrada de pedidos, las compras, los registros personales, etc. Si un profesional de las operaciones no puede acceder a sus sistemas Oracle o SAP, le será imposible trabajar de forma más inteligente. Uno de los beneficios añadidos es que los VPN también permiten a su equipo informático ofrecer asistencia a distancia para su ordenador. El trabajador más inteligente les facilita el acceso, el sistema informático se «hace cargo» del ordenador durante un rato y lo arregla rápidamente, dejándolo listo para las muchas horas de trabajo virtual tranquilo y productivo que seguirán.

Redes:
el talón de Aquiles

Habrá lectores que, al ver las conversaciones entre Guy y Philip de los ejemplos anteriores, se pregunten de qué planeta somos. En el mundo comercial, en el que las redes suelen ser sólidas, funciona. Sencillamente funciona. Philip no tendrá ningún problema.

Sin embargo, lo que probablemente suceda es que Guy se conectará a Skype para hablar con Philip y se dará cuenta de que, aunque se oyen, solo uno de ellos puede ver al otro. A pesar de que los dos tienen la cámara encendida, Guy no recibe la imagen, así que deciden conformarse con hablar sin vídeo. Hasta que Philip deja de hablar. Guy, pensando que le toca a él, empieza a hablar sin obtener respuesta. Aunque las barras del WiFi están al máximo, prueba por si acaso a abrir una página, y es entonces cuando se da cuenta de que, si bien la red interna de su casa funciona, hace rato que se ha desconectado del mundo exterior.

Reinicia el router. Se vuelven a poner en contacto, hasta que Internet se bloquea de nuevo. Al final, y a regañadientes debido al tipo de libro que están escribiendo, acuerdan desistir en sus intentos de hablar por teléfono. Lo harán por paloma mensajera. La realidad de la comunicación unificada y de la colaboración es que solo funcionan correctamente en un entorno que disponga de una conexión a Internet buena y fiable. En el Reino Unido esto hace que haya áreas que sufren debido a que están demasiado lejos del intercambio y a que siguen utilizando un cableado de cobre antiguo, por lo que la señal se reduce. Si su objetivo es emplear un método de trabajo flexible para hacer que su negocio evolucione, entonces parte del análisis de los lugares de trabajo de sus empleados debe incluir elementos de conectividad (el 4G podría no ser lo suficientemente rápido como para que todos se mantengan conectados de la forma deseada). Gran parte de problema, al que deben hacer frente los empleadores, es que los trabajadores creen que la configuración de la banda ancha de sus casas es suficiente. Hay varios motivos que confirman que no es así:

Si no funciona, no está programada de la misma manera que las bandas anchas de las empresas.

Se basa en gran medida en las llamadas «líneas de competencia». Esto significa que por el día, cuando los vecinos están fuera, tendrá para usted solo una gran porción de la banda ancha. Irá muy rápido y la calidad será inmejorable. Cuando a última hora vuelvan los vecinos, se conectarán con un usuario y una contraseña propios. Se trata de un sistema seguro, pero se comparte el mismo «conducto». Imagine que se tratara del abastecimiento de agua: si todo el mundo enciende el grifo, la presión del agua cae en picado, y por tanto la calidad del servicio. Excepto que con las tablets, las videoconsolas, las televisiones inteligentes y los smartphones, además de los ordenadores, es como si todos abrieran en grifo a la vez. Todos.

No hay muchas soluciones, porque las compañías le dirán que debería haber contratado un servicio de Internet para empresas. Esto significa que, cuando no funcione, usted dispondría de prioridad y contaría con niveles de mínimos de velocidad para carga y descarga, fluctuación y tiempos de espera. Los niveles de servicio acordados son lo que se denomina acuerdo del nivel de servicio. Debe entender el contenido del mismo y saber las soluciones que se le ofrecerán si no se cumple.

Voz de alta definición

Es en este momento cuando los autores se convertirán en señores entrados en años que se quejan de la juventud de hoy en día, pero hay que decir que, en algunos ámbitos, la gente no está tan capacitada como las generaciones empresariales anteriores. Uno de estos campos es el empleo de la voz para comunicarse.

Las generaciones anteriores no tenían muchas opciones. Enviaban un comunicado y en un día estaba listo, al responder al teléfono había alguien al otro lado (fiable) con quien podían hablar para solucionar una cuestión determinada. La gran variedad de opciones ce las que disponemos actualmente ha hecho que esta decisión sea menos automática, y la calidad de las opciones de voz suele impedir que este sea el medio ideal de comunicación.

Esto se debe a que los típicos teléfonos fijos de antaño utilizaban una tecno ogía de banda estrecha, que empleaba una parte más reducida del espectro acústico disponible. La comunicación funcionaba bien en tramos cortos, pero las llamadas largas eran agotadoras. Ahora disponemos de sonido de banda ancha, o voz de alta definición, que se distorsiona menos y dispone de más matices.

Se trata de una forma de comunicarse que tiene un impacto superior al de la palabra escrita, aunque el teléfono es el medio de comunicación que menos gusta a la próxima generación. Cada vez es más importante volver a aprender a utilizar la voz como instrumento esencial de comunicación, pues la prevalencia de la voz sobre el Protocolo de Transmisión de la Voz por Internet (VoIP) hará que la próxima generación emplee su poder de alta definición en mayor medida. Podríamos por tanto acabar con una nueva generación que se haya autoexcluido, y que los de cuarenta y tantos y veinti pocos sepan utilizar su voz mientras que los de treinta y algo tengan dificultades.

Sin embargo, (todavía) falta mucho para que la voz de alta definición se convierta en algo habitual. Para lograrlo serán necesarios todos los elementos de la cadena alimentaria de la comunicación: redes fijas y móviles, software de comunicación, teléfonos y auriculares (con garantías de buena calidad de servicio).

Las herramientas del trabajador flexible

La semilla de este libro se sembró en los 80. En esos momentos empezó a ser posible (a un precio elevado y con gran esfuerzo físico) llevar consigo un móvil, que en aquella época pesaba mucho y únicamente servía para llamar, ya que aún no habían aparecido los SMS, y un portátil, que entonces ni siquiera se podían apoyar en el regazo porque pesaban bastante. Esto hizo que fuera perfectamente factible llevar consigo todo lo necesario para muchos trabajos, pero la gente seguía empeñada en hacer un viaje incómodo todos los días para ir a la oficina.

A continuación ofrecemos una lista de artículos de los que dispone en la actualidad un trabajador móvil, que pueden conseguirse tanto en base a un sistema de «traiga su propio dispositivo» (del que hablaremos más adelante) o que le puede facilitar su empresa. Analizaremos algunos de sus pros y contras al final de este capítulo.

Teléfono móvil: preferiblemente un smartphone. Los empresarios disfrutarán de las aplicaciones que les interesen si configuran el sistema del terminal. También pueden diseñarse aplicaciones para empresas.

Auriculares: unos auriculares, unos casos o un complemento de otro tipo que sean buenos resultan esenciales para aislar el ruido del teléfono tanto para quien habla como para quien escucha.

Muchas empresas ofrecen modelos extraordinarios, y sí, cuanto más baratos sean más probable es que no funcionen. Algunos responderán a la llamada con solamente levantarlos de la mesa, otros se comunicarán con el ordenador para informarle de que el usuario está al teléfono para que nadie intente mandarle mensajes instantáneos o llamarle cuando esté ocupado.

Si trabaja de forma permanente en un escritorio, existen micrófonos muy buenos que se pueden colocar en la mesa y que ofrecen un sonido de gran calidad para podcasts, webinars, etc. Por ejemplo, el Blue Snowball y el Blue Yeti ofrecen un sonido de calidad para la difusión, y el Yeti dispone de una entrada para auriculares.

Un ordenador: portátil, netbook, de mesa o tablet dependiendo del resto de tareas que tenga que desempeñar un usuario, no importa el tipo concreto de ordenador.

Si cuenta con la infraestructura que hemos descrito anteriormente, estos elementos deberían ser suficiente para ser un trabajador móvil bastante bueno. Compruebe que sus auriculares tienen certificados Microsoft Lync, Cisco Jabber o de otro tipo de CU.

Ninguno de estos dispositivos requiere disponer de instalaciones de oficina fijas, lo que resulta esencial.

Prestación de servicios, ¿es la adecuada?

Existen dos formas diferentes de cubrir sus necesidades informáticas: hacerlo usted mismo o externalizarlo. La decisión, que muchos de los lectores ya habrán tomado, puede depender del tamaño de su organización y de su predisposición para convertirse en expertos en infraestructura informática en lugar de centrarse en su profesión.

Independientemente ce la opción que elija, hay varias cuestiones que debe tener en cuenta a la hora de hablar con su proveedor informát co, tanto interno como externo.

1. ¿Debemos pasarnos a la nube? La nube consiste en emplear los sistemas informáticos de otra persona en lugar de los suyos propios utilizando como terminal sus dispositivos tecnológicos, y puede ser una idea muy buena. Si se hace de forma correcta, parecerá que está utilizando su propio sistema. Sin embargo, no se olvide de preguntar:

> ¿Cómo funcionan las copias de seguridad? Muchas empresas dan por supuesto que se realizan copias de seguridad automáticas al utilizar tecnología en la nube, pero puede no ser así. Si únicamente hay una copia de

su trabajo en la nube y su empresa de alojamiento tiene algún problema, usted también lo tendrá.

Pregunte a su proveedor por su forma de trabajar para asegurarse de que no se produce una crisis.

¿En qué lugar físico se encuentran sus datos? Y, más concretamente, ¿están almacenados según las normas de protección de su país (aplicables por ley) o del país en cuyo territorio se alojan? Guy habló en una ocasión con una empresa que almacenaba sus datos en la India. Todo iba bien hasta que preguntaron: «¿Respetan ustedes la Ley de Protección de Datos del Reino Unido?». La respuesta educada y totalmente razonable que recibieron fue: «Ni siquiera estamos en el mismo continente, ¿por qué deberíamos hacerlo?».

Pregunte por la seguridad. Los centros de datos, es decir, los lugares en los que se almacenarán sus datos, pueden tener nidos de ametralladoras (es posible que no literalmente), medidas de prevención de incendios y todo tipo de seguridad. Si opta por una solución barata, podrá encontrarse con que sus datos, de los que es jurídicamente responsable, están realmente en el sótano de alguien. Pregunte, siempre.

2. ¿Qué tipo de CU&C recomendaría? En estos momentos es probable que se debata entre Microsoft y Cisco, y puede que se elijan los artículos «porque eso es lo que vende su proveedor». Pregunte siempre los motivos por los que se recomienda.

3. ¿Cuál es el acuerdo de nivel de servicio? Puede decidir si quiere o no pagar asistencia telefónica las 24 horas. Si únicamente elige la opción de «en horario de oficina», no se olvide de que si su servidor se cae a las 5:05 del viernes no podrá recibir asistencia hasta las 9:00 del lunes siguiente.

Traiga su propio dispositivo, su aplicación y ¿su ordenador?

También hay que tener en cuenta su posición en relación con los conceptos de «traiga su propio dispositivo» o «traiga su propia aplicación», pero tenga cuidado con el de «traiga su propio ordenador», del que hablaremos más adelante. La proliferación de smartphones y tablets en el mundo desarrollado puede hacer que no sea necesario duplicar el dispositivo de una persona en el lugar de trabajo. Puede que tenga un dispositivo lo suficientemente bueno como para comunicarse con él. ¿Para qué darle a un empleado un iPhone o un Android de empresa si ya tiene un aparato adecuado en el bolsillo?

Hay varias cuestiones a las que tiene que hacer frente antes de decidir si quiere adoptar la política de «traiga su propio dispositivo»:

¿Para qué dispositivos ofrecerá asistencia? Sentirá la tentación de responder que «para todos», pero entonces el servicio de asistencia informática necesita una copia de todos los dispositivos disponibles. Supongamos, por ejemplo, que su aplicación corporativa de comunicación principal funciona muy bien a través de un buscador del ordenador de mesa.

Decide dejar que cada uno utilice su dispositivo, PERO se ve fatal en la minipantalla de las BlackBerrys que tienen teclado. Y en los iPads se abre por defecto la «vista móvil» incluso si las pantallas son lo suficientemente grandes como para aceptar la versión completa. ¿Seguro que quiere ofrecer asistencia para todo?

Desarrollo de aplicaciones: deberá asegurarse de que sus aplicaciones también funcionarán en las futuras versiones de los dispositivos. Esto es obviamente muy complicado. Una empresa desistió y únicamente permitió a sus usuarios emplear dos modelos de BlackBerry, pero dijo que podían utilizar lo que quisieran mientras funcionara, pero que si había algún problema el departamento de informática no lo arreglaría.

Resolución de la pantalla: un importante vendedor de software tuvo problemas cuando Apple sacó al mercado las versiones «lenticulares» de mayor resolución de sus pantallas para iPad. Sencillamente no funcionaban.

Seguridad: decide animar a los usuarios a que utilicen sus propios teléfonos o portátiles, pero ¿qué pasa con la integridad de los datos que contienen? ¿Cómo la protege? Una solución es pasar exclusivamente por la nube, pero puede resultar problemático si surgen inconvenientes de conectividad.

Robo o pérdida de dispositivos: los empleados deben decidir lo que sucederá si pierden un dispositivo. Una solución es contar con una opción de apagado que elimine por completo su contenido. Si registra su iPhone o iPad con Apple, puede configurarlos en la página web de Apple para que cuenten con esta función. Recuerde, sin embargo, que se han producido casos en los EE.UU. en los que alguien ha informado de la pérdida del teléfono personal que utilizaba como dispositivo de trabajo, el empleador lo ha vaciado y el trabajador lo ha encontrado más tarde, solo que también se habían borrado las fotografías personales y la música. Desde un punto de vista contractual está justificado, pero para el trabajador que acaba de ver cómo se destruye el archivo de fotos de su bebé recién nacido, es un poco más complicado.

Atención: es perfectamente válido elegir su(s) propio(s) dispositivo(s) y seleccionar sus aplicaciones, pero tenga cuidado a la hora de elegir sus herramientas de comunicación. si no quiere acabar en una confusa Torre de Babel digital. Piense en las comunidades con las que trabajará más y adáptese a sus instrumentos de CU&C o redes sociales, o asegúrese de que todas ellas tienen un esperanto digital equivalente.

¿Y ahora qué viene?

Ningún autor que se precie intenta predecir el futuro con seguridad. Guy editó en una ocasión un libro titulado Top Companies of the Future y espera de verdad que la mayoría de los ejemplares se hayan destruido, algunos negocios han prosperado, pero no todos, ni de lejos.

Entonces, ¿qué es lo más probable que pase ahora? Hace algunos años se hicieron demostraciones de videoconferencias en 3D que parecían prometedoras, siempre y cuando se pudieran lograr sin gafas. No obstante, tanto en los EE.UU. como en el Reino Unido, los experimentos con televisión en 3D se han reducido o abandonado. Puede que la revolución 3D no esté tan cerca como parecía.

Lo que es seguro es que la gente querrá imágenes más y más definidas a medida que siga aumentando su videopresencia. Puede que la definición estándar funcione bien, pero será difícil volver atrás una vez se consiga realizar conferencias de alta definición gracias a la mejora de la compresión, de la banda ancha y de la ultra definición (un nuevo formato con una resolución aproximadamente cuatro veces superior a un televisor de alta definición).

Cuanto más natural parezca la conferencia (audio o vídeo), mejor será. Y es en este ámbito en el que destacarán algunas de las instalaciones de mayor tamaño de gente como Polycom o Cisco.

Utilizan habitaciones enteras y tienen espejos que reflejan la imagen en vez de una cámara que enfoca desde lo alto de una pantalla, por lo que los participantes pueden mirarse directamente a los ojos en vez de hablar a la otra persona a la frente. Esto mejorará la comunicación. Bueno, ¿lo hará? La próxima generación está perfectamente acostumbrada a utilizar Skype en un portátil sin preocuparse por si las líneas de visión son las correctas. No utilizan el correo y, al igual que Suárez el de IBM, prefieren las redes sociales más colaborativas y archivables. La calidad sonora seguirá aumentando; la conversación que puede tener alguien ahora con unos auriculares era ciencia ficción hace más o menos diez años.

El otro nuevo factor principal tiene que ver con los accesorios tecnológicos. En el momento en el que se escribía la primera versión de este libro, Samsung se había convertido en la primera marca importante que ofrecía relojes inteligentes, que servían principalmente como mando para una tablet o un smartphone. Mientras tanto, Google Glass ha demostrado que la información puede almacenarse en unas gafas (el que sea o no una buena idea está aún por debatir). La inteligencia contextual también va a ser importante; piense en ella como una extensión mucho más amplia de las empresas, como si Amazon le ofreciera libros que cree que le gustaría y fuera capaz de aconsejarle sobre muchas cosas más que considera que pueden ser apropiadas y útiles en su vida.

En términos de listas de sugerencias, los autores quisieran añadir algo sobre la intercomunicación apropiada: la Torre de Babel no confusa de la que hemos hablado antes. Estaría bien contar con mensajes instantáneos que pudieran comunicarse entre sí y que una empresa pudiera comprar otra sin tener que desplegar un departamento informático al completo para que los sistemas se integren sin problema. No cabe duda de que hay demasiados intereses particulares en juego para que esto suceda con demasiada rapidez. Resulta interesante que Tim Berners-Lee decidiera ceder Internet al dominio público porque no quería que una página de British Telecom no se hablara con una página de Microsoft, etc. Fue una decisión inteligente, y es precisamente lo que pasó con las plataformas de comunicación empresariales privadas.

Pero, ¿qué va a pasar ahora realmente? Bien, durante los primeros años del nuevo milenio nadie habría dicho que el iPhone iba a hacer que los smartphone fueran tan populares. Si nos referimos a esta cuestión es porque ilustra los verdaderos peligros de intentar predecir el futuro demasiado. ¿Quién iba a adivinar que Apple iba a vender productos de entretenimiento y que iba a convertir un ordenador en un artículo de bolsillo cuando muchos otros habían fracasado con las agendas electrónicas? No, nosotros no lo hubiéramos dicho. Y cambió la industria de la electrónica para consumidores para siempre.

¿Y ahora qué viene? A parte de algo «más rápido, más preciso y con mejores líneas de visión», no tenemos ni idea.

Ámbitos de actuación
para profesionales

Revise su tecnología personal y la conexión a Internet de su casa. ¿Es suficientemente buena o tiene que hablar con su empleador sobre la contratación de más prestaciones?

Piense en sus competencias al teléfono y en su forma de comunicarse. ¿Es de esos que han dejado que su capacidad oral decaiga? ¿Cómo puede mejorar sus habilidades ahora que la voz de banda ancha adquiere más importancia?

Si su oficina tiene una política de traiga su propio dispositivo, piense en el tamaño de la pantalla y la calidad tecnológica del suyo, ¿le está pidiendo demasiado al servicio de asistencia técnica?

Ámbitos de actuación
para directivos

Examine la tecnología que usa en estos momentos.
¿Tiene frente a usted las herramientas para comunicarse?

¿Tiene que estar el trabajador en la oficina para
utilizarlas?

Analice su infraestructura técnica. ¿Soportará una
cantidad mucho superior de tráfico de vídeo? ¿Es la
imagen de vídeo que puede lograr lo suficientemente
atractiva para sus empleados o compañeros, o debería
mejorarla lo antes posible?

Desde un punto de vista cultural, ¿qué parte de su
comunicación se encuentra realmente en el canal
adecuado? Baraje la posibilidad de emplear el correo
electrónico como instrumento secundario y tenga en
cuenta las alternativas sociales. Refuerce la
comunicación por voz de alta definición.

Mídalo en función de todos los baremos empresariales
aplicables. ¿Ofrece resultados en función de criterios
empresariales?

Capítulo 3:

Trabajar en equipo desde la distancia

TRABAJAR EN EQUIPOS HÍBRIDOS

RECUERDE, LO DE TRABAJAR DE FORMA FLEXIBLE E INTELIGENTE NO ES SOLO PARA LOS ALTOS DIRECTIVOS

En este capítulo hablaremos de:

- Una nueva forma de trabajar (como autónomo) en la que directivos y empleados trabajan conjuntamente con un objetivo común.

- Dominar la colaboración olvidándose de los mandos y el control y trabajando por un beneficio mutuo.

- La inteligencia acústica y cómo lograrla, así como los motivos por los que hay que tomarse en serio el oído humano.

Cultura de un trabajo más inteligente

Volvamos por un momento a los años 70, cuando ni siquiera había empezado esto del trabajo más flexible o más inteligente y se pensaba que los trabajadores y la gestión estaban a años luz de separación. El Gobierno solía encontrarse bajo la influencia de los sindicatos, lo que sin duda sucedía en el caso del Reino Unido. Efectivamente, los sindicatos que representaban a los trabajadores le decían al Gobierno lo que podía hacer y lo que no. Obviamente, era una situación ridícula y no se debía a motivos políticos partidistas. Claro que influía la financiación de los partidos, pero tanto los trabajadores como el Gobierno (o la administración) tenían en mente el mismo objetivo: una mejor organización de la empresa o del servicio público que ofreciera beneficios o excedentes a sus propietarios al mismo tiempo que se trataba a quienes estaban en la mina de forma razonable.

El cambio que debía producirse era sencillo. Ambas partes tenían que aprender a confiar en la otra.

Pero bueno, los años 70 fueron una época especial en la mayoría de los sentidos, y en parte se debía a antagonismos históricos entre la clase dirigente y la clase obrera que deberían haber pasado a la historia décadas antes.

Sin embargo, piense en si esta situación es muy diferente a la que hay en su organización. Pongamos como ejemplo a Andy Lake, Director Ejecutivo y editor de *Flexibility*. El problema que tenía con muchas de las aplicaciones del trabajo inteligente era que se consideraban como una respuesta a una cuestión concreta, y no como algo aplicado a nivel universal. Imaginemos que un trabajador va a hablar con el directivo para pedirle algún tipo de flexibilidad. La respuesta dependerá probablemente de la situación concreta del trabajador y de la empresa.

Lo que se tiene que preguntar es si realmente se trata de un paso hacia adelante. Si un trabajador le pide un favor a la dirección con la cabeza gacha, ¿es probable que ese favor mejore su productividad?

Es mucho mucho mejor contar con un elemento de confianza fluyendo por el ADN de la organización. Lo que hay que hacer es romper con la relación tradicional entre empleado y empleador en la que este último compra con dinero el tiempo y los esfuerzos del personal y lo convierte en una comunidad laboral productiva basada en una contribución positiva y en un beneficio mutuo. Otra cosa que hay que conseguir, y que no es nada sencilla, es poner esto en práctica de forma que no se quede en mera palabrería.

Las reacciones pueden ser intensas. Annie Leeson, autora de varios de los estudios citados hasta el momento, trabajaba en el ámbito de la estrategia corporativa para un directivo que insistía en que sus trabajadores estuvieran en la oficina y no a distancia. «Era de lo más desmoralizante, me esforzaba muchísimo por conseguir negocios nuevos y para que los proyectos salieran bien. Lo menos que puedes hacer es confiar en mí. Si me tomo un descanso es porque necesito descansar, porque el resto del tiempo invierto una cantidad inmensa de energía».

Este es un ejemplo muy típico de una situación en la que se ofrece el resultado empresarial adecuado pero, aún así, no se genera confianza. Leeson terminó haciéndose autónoma. «Me dí cuenta de que, si trabajaba para mí, podía controlar mejor mi productividad. Invierto una cantidad enorme de energía si estoy en condiciones, pero no cuando no tengo la cabeza para trabajar».

La cultura del lugar de trabajo moderno debe basarse en la confianza, y esto no es algo que funcione a medias tintas, o se tiene o no se tiene. El estudio de Leeson titulado *The Topology of Work: a Catalyst for Change* (publicado por Plantronics en el 2009) también refleja esta idea y fija un marco en el que esta confianza es un elemento fundamental y no una opción; y el carácter cambiante del lugar de trabajo es una parte importante de este cambio. «La gente ya no puede garantizar que estará establecida en el mismo lugar durante un período fijo de tiempo, todos los días laborales», escribe. Como ya hemos señalado en la introducción de este libro, las ventajas son significativas, pero el reto también es importante.

Una de las áreas en las que el trabajo de Leeson tiene especial fuerza es la evolución hacia una nueva dinámica de trabajo. Los directivos tienen que ser conscientes de que ofrecer poder a los empleados no consiste sencillamente en disfrazar su relación, sino en redefinirla. Leeson hace hincapié en los siguientes puntos:

Una cultura basada en la confianza desde el primer día, como ya se ha señalado previamente. El empleado y el empleador tienen que estar del mismo lado.

Como ya se ha indicado, la actitud anticuada de «nosotros y ellos» no tiene cabida en un entorno laboral moderno, y probablemente nunca la tuvo. Ambas partes quieren un negocio rentable con un personal sostenible, por lo tanto, no hay «lados».

Automotivación: este elemento debe partir del punto anterior. La libertad de elección permitirá a los empleados dictar sus patrones de trabajo propios y el trabajo más inteligente será una consecuencia automática.

La colaboración surgirá de forma natural.

Lo más importante es que esta confianza, si se aplica de forma equitativa y coherente, dará lugar a una medición en función de los resultados y no de la presencia.

Sin embargo, dese cuenta de que no estamos diciendo que todos deban ser trabajadores móviles o estar en casa todo el tiempo. Tal y como afirma Dave Coplin (Microsoft), este es un error grave, pues pedir a los trabajadores que no vengan un día a la oficina es igual de restrictivo que decirles que deben estar en su mesa de 9 a 5. De lo que se trata es de trabajar en el lugar y el momento más apropiados y de utilizar criterios tanto personales como profesionales para encontrarlos.

Confianza

Asumir que la confianza es en cierto sentido un beneficio indefinido e intangible es un error capital.

En su libro titulado *La velocidad de la confianza*, Stephen M.R. Covey sugiere que la confianza «tiene el potencial para crear éxitos y prosperidad en todos los aspectos de la vida», aunque afirma que es una opción que se menosprecia en gran medida. Y lo que es más importante, rechaza la idea de que es intangible y pone de relieve que se trata de algo sólido y positivo que se puede aumentar y en lo que se puede trabajar.

Destaca una serie de estrategias firmes que pueden ayudar a generar confianza y a demostrar su verdadero valor financiero (le falta tiempo para tratar la idea de que no es intangible). Afirma que no se basa exclusivamente en el carácter, ya que también depende de las competencias. Se podría añadir que, a su vez, esto depende del contexto. Si nos piden a los dos autores de este libro que utilicemos nuestras competencias para realizar una publicación juntos, lo haremos, y así generaremos confianza. Si nos piden que nos encarguemos de una cirugía cerebral o que pilotemos un avión de pasajeros, podremos asegurarle que hay candidatos más fiables.

Covey divide la confianza en dos vertientes y realiza una separación apropiada entre:

Confianza en uno mismo

Antes de que otras personas confíen en usted a nivel empresarial, tiene que confiar en sí mismo. En términos de trabajar de forma más inteligente, esto implica creer que realizará las tareas dentro del plazo y con el resultado deseado sin necesidad de supervisión directa. Si quiere que sus compañeros se lo tomen en serio, usted también tiene que pensar así.

Confianza mutua

A medida que incorpora la confianza en sí mismo a su vida, aquellos con quienes interactúa aprenderán a confiar en usted. Covey identifica comportamientos específicos que generan este tipo de confianza. Merece la pena leer con detenimiento esta parte del libro, que incluye la integridad y otros factores como la coherencia y la intención.

Confianza organizativa

Así es como generan confianza en sus organizaciones los altos cargos, independientemente del tipo de empresa de la que se trate. Hay quienes confían en sus compañeros pero trabajan en una compañía en la que no confían, algo que resulta improductivo para trabajar de forma más inteligente. Aunque una organización ofrezca un método de trabajo más inteligente y facilite el material, es poco probable que esta nueva forma de trabajo funcione si sus empleados creen que se trata simplemente de una forma de hacer que trabajen más sin pagarles por ello. La mejor manera de evitar esta situación es comunicarse mucho con los empleados, asegurase de que los directivos se adaptan a los objetivos corporativos y seguir dialogando para conseguir la aceptación dentro de la organización.

Confianza en el mercado

Ninguna de las tipologías anteriores servirá para nada si las personas externas a la organización no confían en ella. Los clientes tienen que confiar en la empresa, por supuesto, pero lo más importante para el mundo del trabajo flexible/más inteligente es que los posibles empleados también lo hagan. Es una cuestión exclusivamente de reputación y todos los directivos empresariales entienden su importancia. La calidad ofrecida y el boca a boca del mercado son las mejores formas de conseguirlo.

Confianza social

Se trata de confianza en que la compañía contribuye de alguna forma a la sociedad (fácil de escribir pero más complicado de conseguir en un primer momento). La sociedad empieza a confiar en la organización y, con el tiempo, anima a otras personas a contribuir de la misma manera.

Para el entorno de trabajo flexible, los primeros cuatro tipos son los más importantes, pues los empleados deben tener ganas de trabajar con una organización y adaptarse a la flexibilidad que se les ofrece, en lugar de cuestionar sus méritos/preferencias para el empleador.

Modificar su organización

Leeson también ofrece una aportación de peso sobre cómo realizar la transición:

> Empiece desde arriba. Durante nuestra entrevista nos confirmó que hay ejemplos de cambios en las prácticas de trabajo que empiezan desde la base y siguen subiendo, pero una dirección sólida es una forma mucho más sencilla de producir un verdadero cambio.
>
> Comunicación: una vez que la dirección ha logrado el cambio hacia una forma de trabajar más inteligente, los trabajadores deben entender la causa del cambio y deben estar a favor. Los cambios tienen que surgir desde dentro.
>
> Ritmo y coordinación: un equipo multidisciplinar debe trabajarlo desde dentro. Piense en cómo se adaptará la educación a los cambios físicos y decida quiénes tienen que participar. La combinación de Plantronics de

ladrillos, bytes y patrones, es decir, de gestión de la infraestructura, tecnología y recursos humanos, constituyó un exce ente ataque a tres bandas para cambiar las cosas.

Recuerde que, tal y como afirma Leeson, esto afecta a todo el mundo. Inc uso quienes ocupan puestos que no se pueden desempeñar a distancia (por ejemplc, resulta difícil imaginar una recepcionista que trabaja desde casa) tienen que comprender el cambio de la empresa y su causa, así como los beneficios que tiene y sobre quién repercuten.

Norma Pearce, directora de recursos humanos para Europa y África de Plantronics en el Reino Unido, considera que puede resultar complicado cuantificar con los encargados de la toma de decisiones algunos de los argumentos re acionados con la dinámica humana. «No hay duda ce que la productividad ha aumentado [desde que adoptamos una forma de trabajo más inteligente], pero, auncue resulta sencillo hablar de ventas con quienes se encargan de las decisiones, esto puede ser más complicado. Sé ce personas que irían al fin del mundo por esta empresa. Hemos reducido claramente el absentismo laboral y hemos aumentado la asistencia y el personal».

Y bien, ¿cómo se logra este tipo de «compromiso sin límites» (en términos de recursos humanos)? La respuesta en el caso de Plantronics fue «empezar pronto», lo que está relacionado en cierta medida con la tasa de retención de la empresa del 95,5 % (porcentaje de personas que tiene la intención de quedarse en la empresa en un futuro cercano).

El recorrido de Plantronics hacia una forma de trabajar más inteligente

Pearce es la primera autora que hace referencia al modelo empresarial integral de «ladrillos, bytes y patrones» como una de las bases de este éxito para mantener a los trabajadores. En cuanto a la forma concreta de llevar a la práctica una política como esta, se expresa con la misma claridad. Se necesita disponer de los siguientes elementos:

Un comité supervisor dirigido por un directivo: lo ideal sería que abarcara la gestión de las instalaciones, la tecnología de información y el personal de recursos humanos. Para que el trabajo flexible funcione, deben cambiarse todas estas partes de una empresa. Pearce señala que muchos de quienes han visitado las oficinas de Plantronics del Reino Unido para ver cómo funciona el trabajo inteligente en realidad no han implicado lo suficiente a los departamentos de recursos humanos.

Mediciones: las evaluaciones del lugar de trabajo, como el Índice Leesman, pueden ser un proceso doloroso muy parecido a mirarse en un espejo calibrado de tal modo que encuentre especialmente verrugas y defectos.

Encuestas: debe animarse al personal a aceptar desde el principio la idea de que se trata de su reforma empresarial, y de nadie más. Su opinión sobre la forma que tome la empresa repercutirá en gran medida en la manera en la que se apliquen los cambios. Debe considerarse como una parte importante del crecimiento de un negocio. Plantronics contó con una participación del 80 % de su plantilla, lo que se debió al menos en parte a que la dirección había dejado claro que era en ese momento cuando podían opinar sobre los cambios que se realizarían en la empresa, así que o bien hablaban ahora o callaban para siempre. Las herramientas de análisis empleadas permitieron clasificar las respuestas en función de la edad, el género, la localización geográfica y el departamento, y ofrecieron pruebas concretas en contra de la idea de que solamente los trabajadores de más edad votarían a favor de «menos tecnología».

Confianza: como ya hemos señalado previamente, no se trata exclusivamente de confiar en que los trabajadores realizarán sus funciones a distancia, ni de que los empleados confíen en que sus compañeros están trabajando desde otro lugar, sino que también se trata de confiar en la administración. Cuando se les planteaba a los directivos superiores una cuestión sobre el trabajo flexible y afirmaban estar ocupándose de ello, el personal tenía confiar en que realmente estaban haciendo algo para solucionarlo y que no le estaban intentando engatusar.

Autonomía: permitir a los trabajadores determinar al menos una parte del ritmo de los cambios. Un buen ejemplo de este proceso es la sustitución que hizo Plantronics de los teléfonos fijos por las llamadas a través de dispositivos informáticos. La empresa dejó los teléfonos en las mesas y, poco a poco, la gran mayoría de los empleados pidieron que se los quitaran porque no los estaban usando.

Equipos de trabajadores más inteligentes

El resultado final de todos estos cambios es una nueva dinámica personal entre los asociados o empleados y sus directivos. Si usted es directivo, a continuación pensará en la forma en la que esto afecta a los siguientes elementos:

La forma en la que dirige a otras personas: dado que comparten sus objetivos, ya no necesitará supervisarles de cerca para conseguir un negocio próspero que funcione para ambos. Su estilo de vida habrá mejorado gracias a los cambios producidos en el lugar de trabajo, por lo que no será necesario pensar en mantenerlos a raya.

Trabajo a distancia: quienes ya no estén en la oficina estarán (o deberían estar) trabajando con objetivos de gestión definidos que sean apropiados para ambas partes.

Conectar como equipo: la forma de conseguirlo habrá cambiado y probablemente ahora le resulte irreconocible. Los empleados aprenderán a interactuar mejor con los compañeros que trabajan desde otro lugar y a confiar mutuamente para seguir cumpliendo los objetivos corporativos.

El lugar de trabajo de esta nueva cultura cambiará por completo, lo que también se debe a que habrá menos puntos fijos de trabajo. Sugerir que no habrá ningún lugar de trabajo es una exageración, y una que se suele repetir a menudo. Un comentarista o un futbolista profesionales, por ejemplo, harán mejor su trabajo si se presentan en el lugar en el que se desarrolla el evento al que se espera que acudan. La relación entre los trabajadores y el espacio cambiará. Si la prioridad pasa a ser la tarea, empezarán a analizar el lugar físico en el que se encuentran de forma diferente, motivo por el que contar con la sensibilidad y las zonas acústicas adecuadas ayudará a que el lugar de trabajo sea el adecuado para múltiples actividades. Sobre todo, tal y como ya destacamos en el capítulo anterior, debe contar con el respaldo de una TIC sumamente firme. Fuerte como una roca y fiable, con el apoyo de acuerdos de nivel de servicio y una comprensión clara de lo que sucede si algo sale mal.

Gran parte de este libro se ha dedicado al aspecto físico del lugar de trabajo, ya se trate de la topología de la oficina o de la adecuación de la oficina a distancia. Sin embargo, tal y como señala Leeson en su primer informe, la gente necesita cambiar para trabajar, sea cual sea el entorno en el que lo hagan.

Por lo tanto, resulta esencial ajustar la dinámica personal y la dinámica física, y aquí es donde el departamento de recursos humanos desempeña una función clave.

Por último, es necesario contar con estructuras y servicios de apoyo. Quienes trabajan desde casa o fuera de los lugares de trabajo normales pueden sentirse aislados o echar de menos el ambiente de trabajo en un lugar agradable. Esto es algo que puede gestionarse, evitarse y reducirse, y una buena administración incluye la tarea de garantizar que no se convierte en un problema. La información que antes se ponía en el tablón de anuncios debe incorporarse a la Intranet y los trabajadores tienen que ir a la oficina de vez en cuando para tener la sensación de ser parte del equipo. En el experimento de British Telecom relacionado con el trabajo de forma más inteligente, se pidió a los empleados que volvieran a la oficina pasado un año. Puede decirse que ese era el momento exacto en el que se descubría que «trabajar desde casa» no debía basarse únicamente en trabajar lejos de los compañeros.

Cómo recuperar el control

Por supuesto que no hay ninguna garantía de que otras empresas reaccionarán y se comportarán de la misma forma que hizo Plantronics al enfrentarse a este tipo de cambios.

¿Acaso debería haberla? Sin embargo, merece la pena señalar que el mayor reto al que hizo frente la empresa al poner en práctica su política de trabajo más inteligente no fueron los soldados rasos o los miembros del personal más antiguos (en edad), fueron los directivos.

Esta información puede resultar útil si algo sale mal cuando aplique su propia política de trabajo más inteligente; puede que el inconveniente no sean quienes tienen que trabajar con el cambio, sino quienes están encargados de llevarlo a cabo.

Kevan Hall, en *Speed Lead*, realiza un repaso de todos los cambios en las relaciones y ayuda a los directivos al señalar la forma en la que probablemente respondan los trabajadores en esta nueva dinámica laboral. Habla de «tomar el pulso en la muñeca en vez de apretar en la yugular», lo que para nosotros tiene mucho sentido.

En primer lugar hay que aceptar que es probable que los empleadores y los empleados estén más cualificados y desarrollados que en cualquier otro momento de la historia. Esto genera retrasos y costes cuando las parálisis de análisis repercuten negativamente. El modelo de gestión actual para muchos de quienes forman parte de organizaciones complejas sigue siendo el control central, cuando en realidad hay muy pocas personas que puedan entender una gran corporación desde un punto de vista central. Entonces, ¿cómo pretenden controlarla desde esa perspectiva?

Hall sugiere que es más lógico aprovechar que los trabajadores actuales prefieren la autonomía y permitirles que trabajen juntos de esa forma. Compara esta situación con un barco: puesto que su trabajo consiste en controlar la línea de agua, el capitán no tiene que conocer al detalle el funcionamiento de los motores (aunque dirigirá mejor el barco si dispone de conocimientos en la materia). La línea de agua es la altura que debe mantener el agua si el barco navega correctamente. Si hay un agujero por encima de esa línea, hay que arreglarlo, pero no es urgente; si está por debajo, es una emergencia.

Si trasladamos esta situación a los negocios, el directivo debe asegurarse de que todas sus mediciones se encuentran por encima de una línea de agua imaginaria y debe ser consciente de todo lo que pueda arrastrar al negocio hacia abajo (como un personal sin experiencia o con poca formación o una tecnología en mal funcionamiento), pero no debe ser demasiado restrictivo y gestionarlo todo al detalle. Para conseguir mejores resultados, Hall recomienda que se controlen los procesos individuales desde un punto más cercano al lugar donde se desarrolla la acción. A su vez, esto implica la construcción de una capacidad local e intentar poco a poco sustituir muchas de las normas por responsabilidades. Así, la frase «Siéntese en la mesa y haga ocho llamadas de venta cada hora» se convierte en «Necesitamos dos ventas al día, decida usted mismo (o su equipo) la mejor forma de conseguirlas y tráigame los resultados».

Tanto el personal como los directivos estarán más contentos y serán más productivos, puesto que todos ellos se sentirán parte de la construcción de la cultura de la empresa. Se unen por un fin y una causa comunes.

Una nueva enfermedad empresarial, la reunionitis

El diccionario de Wikipedia define la reunionitis como «una tendencia excesiva a organizar reuniones innecesarias» y el Urban Dictionary dice que es «tener tantas reuniones que no se puede trabajar». Ambas son definiciones válidas de un fenómeno muy moderno y perjudicial de la vida en la oficina actual. El organizar demasiadas reuniones sin un fin claro consume literalmente la energía, la atención y la motivación de los trabajadores. Nadie se incorpora a un lugar de trabajo disponiendo ya de las competencias necesarias para organizar una reunión de forma eficaz o para participar activamente en ellas, y simplemente se tiende a aprender de las costumbres (en su mayoría malas) de la empresa para la que se trabaja. El trabajo a distancia genera el reto añadido de las reuniones virtuales (también conocidas como llamadas de conferencia o videoconferencias), que tienen obstáculos auditivos y participantes que están mirando el correo o navegando por Internet. ¿Alguna duda de por qué han dejado de ser productivas las reuniones? Para recuperar el control también tiene que conseguir que tanto usted como sus trabajadores adquieran las competencias necesarias para ser más productivos. A continuación le ofrecemos algunos consejos para que las reuniones sean eficaces y activas:

1. Difunda el programa con la solicitud de reunión.

2. Todos los materiales que se revisarán en la reunión deben enviarse con 24 horas de antelación para permitir a todo el mundo ponerse al día previamente y no perder tiempo leyendo en la reunión.

3. Si la reunión es virtual, pida a todos los participantes que apaguen el m crófono cuando no estén hablando, y compartir la pantalla cuando se usan diapositivas puede hacer que la reunión resulte más fácil de segu r.

4. Defina el escenario al principio de la reunión (motivo por el que estamos aquí, objetivo que queremos lograr) y el límite de tiempo.

5. Haga un resumen al final de la reunión: medidas acordadas, plazos, etc.

6. Realice un seguimiento rápido de la reunión con un correo electrónico al que todos puedan acceder.

Cuándo colaborar (y cuándo no)

La colaboración se ha convertido en otra de esas palabras de moda del sector industrial que a la comunidad informática se le da tan bien destruir. Obviamente, la gente ha colaborado a lo largo de toda la historia, y de formas muy diferentes. La tecnología nos permite deshacernos de muchas «colaboraciones» superfluas e ineficaces y ha creado unas cuantas por el camino, como puede afirmar cualquier trabajador.

El libro de Kevan Hall, *Speed Lead*, es una obra decisiva sobre lo que podría describirse como «descubrir el pastel» de la pérdida de tiempo que son muchas de las reuniones. Analiza especialmente la definición real de equipo, incluidas las interdependencias y la imposibilidad de llevar a cabo una tarea sin el resto de los miembros. Puede que las furciones se superpongan, pero lo principal es que cada persona tiene unas competencias diferentes que aportar y que se necesitan los unos a los otros, por lo que se comunican con regularidad y dependen de los servicios de los demás. Hay diferentes tipos de grupos; puede que trabajen juntos, o puede que no, pero forman un grupc. Trabajan con objetivos que requieren «trabajo personal y concentración», afirma el autor, y las funciones individuales no se superponen.

La pregunta inevitable es: dentro de esta gama de colaboraciones, ¿dónde se encuentran usted y su organización? ¿Se trata realmente de un equipo? Y si no lo fuera, ¿tiene que irvertir en tecnología de cclaboración compleja y cambiar las prácticas de gestión? Una vez haya decidido el punto en el que se encuentra, puede empezar a tomar decisiones productivas. Hall sugiere que los mejores equipos son los pequeños, por lo que si mantiene este tamaño conseguirá que funcionen mejor. También resulta instructivo comprobar los programas de reuniones y demás irteracciones para saber cuándo tratan los grupos (que no trabajan juntos con tanta frecuencia) cuestiones de equipo y viceversa. Equivocarse al decidr el tipo de colaboración que realmente necesita resultará contraproducente en todos los sentidos, ya que un grupo con una estructura libre no será capaz de hacer frente a detalles que un verdadero equipo puede solucionar de forma eficaz.

Comprender en todo momento el tipo de grupo o equipo que dirige será fundamental para elegir las suscripciones y los permisos de tecnología de colaboración, así como para determinar los mensajes e interacciones a los que necesita tener acceso el personal.

El poder de la soledad

¿Es cierto que estar solo y sin distracciones es realmente productivo? ¿Deben fomentar la soledad entre el personal los directivos del mundo actual, siempre activo y siempre conectado, como medio para desarrollar la reflexión y la generación de ideas creativas? El investigador de Yale William Deresiewicz cree que sí. Retó a los cadetes de la Academia Militar de los Estados Unidos de West Point a reflexionar sobre la verdad central de que para encontrar el gran valor necesario para dirigir y vivir con convicción tenemos que aprender a pensar y a reflexionar sobre la vida. Deresiewicz cree que ya no existen pensadores, personas que piensen por sí mismas y que puedan darle una nueva dirección al país, a una empresa o a un compañero, otra forma de hacer las cosas, otra forma de ver las cosas. Personas con visión de futuro.

Considera que la soledad, incluso leer en vez de tweetear, resulta esencial para una verdadera introspección que nos permita hablar con nosotros mismos, para trabajar con concentración y confiar en nosotros, para empezar a hacer las preguntas que se supone que no tenemos que hacer, para aprender a confiar en nuestro propio juicio cuando hay que tomar decisiones difíciles, cuando no hay nadie más para ayudarnos. Los directivos actuales, que tienen acceso permanente a la información y trabajan a un ritmo acelerado, deberían reflexionar sobre la idea de formar a los trabajadores para que piensen por sí mismos (en vez de buscar en Google), lo que será sin duda un punto fuerte para cualquier organización.

Nuevas competencias de colaboración virtual

Colaborar con compañeros que normalmente no están en la misma sala requiere un conjunto de habilidades diferente al que se necesita para trabajar juntos y principalmente cara a cara. Decimos «principalmente» porque los trabajadores a distancia irán a la oficina de vez en cuando y puede que el equipo de la oficina tenga que ponerse al día. Sin embargo, los empleados trabajan en equipo de una forma diferente cuando no se ven todo el tiempo. El informe de Annie Leeson titulado *Home Working – Lost in Translation* ofrece una gran aportación sobre este tema. Identifica la naturaleza virtual de las interacciones con quienes trabajan desde casa y sugiere que se está subestimando la magnitud del cambio que esto supone para la dinámica laboral. Afirma que la pérdida del contacto cara a cara implica la desaparición del lenguaje corporal y de los gestos y que algunas interacciones se ven más afectadas que otras, pero que a los trabajadores no se les suelen enseñar las destrezas que necesitan para compensar.

El impacto de las palabras

Además de contar con el equipo y las redes adecuadas, el profesional debe disponer de formación para que su comunicación tenga el mayor impacto posible. Esta formación abarca todos los aspectos relacionados con las presentaciones:

- Los mensajes y la narración.

- El arte de elaborar material visual de calidad.

- La coreografía de la presentación escénica.

- Dominar el lenguaje.

Para este último punto, Crawford Communications creó el *Impact Course for Virtual Collaboration* (curso de impacto verbal para la colaboración virtual). Este curso:

- Explica el funcionamiento de la voz humana y por qué es mejor estar de pie al hablar para conseguir un mayor impacto, incluso si se habla a distancia.

- Expone las cuatro bases de una comunicación virtual por voz eficaz:

  Potencia: si cree que está hablando demasiado alto, está utilizando el volumen perfecto.

  Tono: al cambiar de tono, conseguirá mantener la atención del público.

  Ritmo: al hablar a un ritmo adecuado invitará al público a «seguirle el paso», mientras que hablar más despacio servirá para exagerar/enfatizar algo.

  Pausas: importantes para pedir opinión o dar paso a preguntas.

- Recuerda el poder de narrar el contenido o poner ejemplos y en vez de únicamente leer las diapositivas.

- Ofrece información sobre altavoces y micrófonos (¿en qué parte de su smartphone están?) y sobre cómo utilizarlos lo mejor posible.

El libro titulado *El efecto carisma*, de Andrew Leigh, explica que 7 de cada 21 rasgos de un directivo carismático están relacionados con un control y un empleo eficaces de la voz y del lenguaje. Si invierte en formación sobre el impacto de las palabras, puede que también impulse su carrera profesional.

Ergonomía acústica

El campo de la ergonomía ha evolucionado significativamente con el paso del tiempo. Organizaciones como la Federación de Sociedades Europeas de Ergonomía y tco.org (más información sobre esta organización más adelante) de Suecia han sentado las bases de la ergonomía, de una tecnología de la información y de la comunicación respetuosa con el medio ambiente y ética, y se han convertido en autoridades respetadas en materia de gestión del personal.

Uno de los elementos principales de este debate actual sobre ergonomía es el aspecto acústico. Asumámoslo, no hay duda de que uno de los músculos que más se emplean en el trabajo de información son las cuerdas vocales. Pero entonces, ¿por qué se presta tan poca atención al uso de la voz y se ofrece tan poca ayuda?

Muchas organizaciones se enorgullecen de conocer a sus empleados y sus necesidades. En el mundo empresarial se valora la inteligencia emocional (la capacidad para saber si la reunión va bien o no, de leer entre líneas lo que pasa en la sala).

Sin embargo, resulta sorprendente que haya tan pocas empresas que sean conscientes de las limitaciones que imponen a sus trabajadores con unas condiciones sonoras inadecuadas. Ya hemos fijado el escenario: una reunión en la zona para el café, que está rodeada por una cristalera preciosa y reluciente y que cuenta con un suelo de madera pulida que completa el diseño, un lugar impresionante en el que la mayoría de la gente estaría orgullosa de trabajar. Por desgracia, está comprobado que el oído humano empieza a deteriorarse a partir de los 45 años a medida que envejece el cuerpo y que una cantidad excesiva de ruido reduce la inteligibilidad de las voces y, por lo tanto, la concentración. Es algo que puede pasar y es totalmente respetable, no es una enfermedad y, claramente, la experiencia adquirida por los compañeros de más edad compensa con creces estas pequeñas debilidades físicas.

Negocios con voz firme

Julian Treasure, autor de *Sound Business*, sugiere que no hay mucha diferencia entre una casa o una oficina cuando de lo que se trata es de gestionar el nivel de ruido, porque no es más que ruido.

Identifica cuatro pasos para conseguir una acústica adecuada: diseño acústico, control del ruido, un sistema sonoro apropiado y diseño del contenido. «La acústica es la base», afirma. «En estos momentos estoy terminando de examinar un centro comercial en el que hay un índice de reverberación de tres segundos en la zona de comida, es insoportable». El autor señala que lo recomendable es que el índice de reverberación (tiempo que tarda en disiparse el sonido) sea de un segundo. «Si es superior a un segundo, se suele producir el llamado Efecto Lombard, es decir, que el sonido se intensifica. Esto es lo que pasa cuando acabamos gritando a alguien que tenemos a medio metro en un restaurante».

La clave consiste en preguntarse si el ruido del lugar impide el progreso. El objetivo de esta fase acústica es eliminar lo que amplifique este ruido. Puede ser difícil conseguir que no se empleen salas con superficies paralelas sólidas (también conocidas como «paredes»), pero pueden incorporarse muebles y estanterías para amortiguar el ruido (es cierto que los libros lo absorben bastante bien). También puede comprar por Internet paneles decorados que absorben el sonido.

La importancia de este elemento se debe al efecto que tendrá para el trabajador. Por ejemplo, puede que quienes trabajan en una oficina no sepan por qué están más cansados de lo normal al final del día, pero lo estarán. Treasure explica que el ruido influye de forma significativa. «En varias ocasiones se ha señalado que, cuando la policía acude a un lugar en que se han producido actos violentos o incluso asesinatos, tienen que apagar un montón de aparatos, como la radio, la televisión o reproductores de música. El ruido tiende a generar estrés». No se trata solamente de que el ruido sea malo para la productividad; puede que los adolescentes piensen que trabajan mejor y que son más productivos cuando se ponen la música a todo volumen en los cascos. Si comparamos su rendimiento cuando trabajan en silencio con cuando trabajan con distracciones, veremos que no es cierto, PERO puede que se nieguen a trabajar sin la música, o que le lleve más tiempo por pura cabezonería.

Asimismo, Treasure afirma que muchos de los ruidos de una casa pueden evitarse. El zumbido de una bombilla eléctrica, por ejemplo, ese tipo de cosas que escuchamos sin ser conscientes. «Tiene que preguntarse si todo esto le viene bien. Puede que a veces sea así, puede que por ejemplo esté tapando otro ruido».

Los sistemas sonoros también son importantes si no quiere trabajar completamente en silencio. Trabajar en un avión o en un tren con auriculares que aíslen el sonido es una buena solución, pero hay quienes prefieren algún tipo de sonido de apoyo y tienen que descubrir el tipo de ruido que les será útil. Creemos que para la mayor parte de los lectores la mejor opción será algo discreto que no requiera atención. Esta elección es obviamente algo personal, pero es muy poco probable que un ruido que distraiga sirva de ayuda a un trabajador del conocimiento. Recuerde que la decisión depende mucho de la situación y de la persona, ya que, por ejemplo, un conductor podría responder mejor a algo más alegre que rompa con la monotonía.

Aparte de esto, la mayoría de las «normas» acústicas son básicamente las mismas que se aplican en la oficina, con la salvedad de que es poco probable que esté diseñando su casa desde los cimientos. Y una indicación final: si se encuentra en un lugar con más gente y prefiere trabajar con algo de música o si quiere transcribir una grabación cuando hay otras personas cerca, use auriculares. Treasure explica que no hacerlo es actuar como esos adolescentes que van por la calle escuchando música por el altavoz del móvil ...

Sin embargo, el problema puede ser un diseño sobre el que no se ha reflexionado. En la cafetería de la que hablábamos antes rebotarán los sonidos y el eco por todas partes, como si se hubiera diseñado específicamente para ocultar los detalles de lo que dice alguien. Si a esto le añadimos el taconeo de los zapatos en el suelo de madera y los sonidos que rebotan contra los cristales, tendremos la receta perfecta para dificultar las cosas hasta a los trabajadores que realmente tampoco son tan mayores. Con algo de previsión y aislamiento para el sonido, la cuestión podría haberse solucionado por completo.

Inteligencia acústica

En esencia, la inteligencia acústica es darse cuenta progresivamente de que nuestra voz es fundamental en nuestra vida profesional y privada. Se basa en una profunda comprensión de la forma de hablar y de escuchar de los humanos y de la diferencia que marcan instrumentos de sonido como los auriculares o el manos libres a la hora de capturar y reproducir la voz humana de forma eficiente cuando se trabaja con compañeros que se encuentran en otro lugar.

Los cimientos los constituye la ergonomía acústica, que consiste en que los terminales de audio estén perfectamente diseñados para adaptarse al profesional y protegerle de sonidos no deseados y peligrosos. El talón de Aquiles es la inteligibilidad de la voz cuando la voz viaja por los cascos, el auricular del teléfono, las redes o el software, todos los elementos deben preservar y dejar pasar la voz sin distorsionarla, tal y como se ha producido en el lugar de origen y con máxima fidelidad. Es más fácil decirlo que hacerlo.

Las redes de telefonía analógicas se basaban en una voz de banda de base (hasta 3 kHz) y no bastan para ofrecer una psicoacústica total. Las nuevas redes de voz y datos pueden ofrecer una voz de banda ancha (hasta 7 kHz), pero para ello son necesarios todos los elementos de la cadena y en estos momentos esta es la excepción y no la norma. Unos instrumentos de audio de calidad también eliminarán ruidos no deseados y gestionarán los elementos de la red lo mejor posible. Seguramente ya se habrá dado cuenta de que la calidad sonora de las llamadas ha disminuido con el paso de los años, debido a que las redes de telefonía móvil y los datos han creado problemas de inteligibilidad.

Incluso si se emplea el instrumento de audio adecuado y la red proporciona una buena inteligibilidad acústica, el impacto del lenguaje será proporcional a la calidad oral que ofrezca la persona que esté hablando. Aquí es donde entra en juego la formación en materia de dicción y de articulación de la voz (véase la sección previa sobe el impacto de las palabras).

VOZ
= FUNDAMENTAL PARA TRABAJAR A DISTANCIA

Ajuste la
potenciade
su voz

Inteligencia
acústica

Impacto
de las
palabras

Reducción
del ruido
/viento

Voz de
alta
definición

Inteligibilidad
de la voz

Ergonomía acústica

Inteligencia acústica, *Simply Smarter Communications*, Plantronics

Ergonomía

El otro ámbito que tienen que analizar con detalle los trabajadores a distancia es la ergonomía. Treasure ha destacado los componentes acústicos que gozan de mayor importancia en un lugar de trabajo normal, pero hay muchos más.

No, no vamos a recomendarle que se compre una silla ergonómica y que no se ponga a hacer todo el trabajo en la mesa de la cocina. Aunque sí que es trascendental, ya se lo han dicho miles de veces.

No, lo que vamos a hacer es recordarle la importancia de la autosupervisarse, tanto en un sentido laboral y relacionado con las tareas como con la finalidad de cuidar de sí mismo. Al trabajar a distancia o de forma flexible es fácil no darse cuenta de lo mucho que le ayuda un buen directivo. Annie Leeson identifica con razón la obesidad como uno de los posibles resultados de trabajar mucho de forma flexible. Algunas de las cosas a tener en cuenta son:

El cansancio ocular: ¿tiene demasiada luz la pantalla? ¿o muy poca? ¿Está en una sala bien iluminada? ¿Dónde se encuentra en relación con la ventana o con otros focos de luz? Lo ideal es que el flexo ilumine el teclado para que no le deslumbre pero sí le dé luz suficiente para leer.

Descansar de la pantalla: los médicos recomiendan hacer un descanso más o menos cada 45 minutos. Resulta tremendamente sencillo olvidarse de estas pausas cuando se trabaja en una oficina y la presión de grupo hace que tienda a no tomarse estos descansos importantes. Esto puede provocar dolores de cabeza.

¿Demasiado tiempo sentado? La mención que hace Leeson a la obesidad está justificada. Desplazarse cada día a la oficina es muy molesto y, para utilizar el término científico, es como tirar el tiempo a la basura. Cuando dejamos de hacerlo, la batalla en hora punta se transforma en un paseo hasta una habitación vacía en la que nos podemos sentar de inmediato, por lo que el sentimiento de bienestar inicial puede ser considerable.

Lo único malo es que en realidad esto no nos viene muy bien, porque no salimos de casa. Las calorías que se habrían quemado simplemente por el hecho de moverse un poco ahora se quedan en el sistema y, si esto se convierte en un hábito, con el tiempo se van acumulando. Apatía, un aumento del riesgo de sufrir diabetes o cardiopatía, una tensión alta debido a la acumulación de grasa, que también incrementa los riesgos de sufrir un derrame... no queremos asustarle, pero los trabajadores a distancia o inteligentes no pueden dar por sentado que su salud será buena.

Sin embargo, se pueden adoptar muchas estrategias. En la medida de lo posible, hágase con el control de lo que le rodea (será complicado en espacios compartidos, pero puede elegir el lugar en el que trabajar). Levántese y camine un poco. Algunas de las personas que trabajan casi siempre desde casa lo han conseguido sencillamente con comprarse un perro, porque ¡por la mañana lo sacan de paseo y es como si fueran andando a la oficina y por la tarde lo vuelven a sacar y es como si volvieran andando de la oficina!

TCO Development

La empresa TCO Development ha fomentado una tecnología de la información sostenible a nivel internacional desde 1992. Su misión consiste en garantizar que la producción, el empleo y el reciclaje de productos informáticos tienen en cuenta factores ergonómicos, medioambientales, sociales y económicos. TCO facilita la inclusión de criterios de sostenibilidad a la hora de comprar productos informáticos y permite comprobar que dichos criterios cuentan con el certificado «TCO Certified». Esta empresa es propiedad de

TCO, una organización no gubernamental cuya sede se encuentra en Estocolmo (Suecia).

20 años fomentando una TI responsable

TCO Development es ampliamente conocida por su certificado «TCO Certified», la marca de sostenibilidad internacional para productos informáticos. Esta certificación empezó a concederse en 1992.

Puntos clave hasta la fecha

1992: se crea el primer certificado TCO, que se centra en un nivel de emisiones bajo y en un consumo energético reducido de los monitores.

1995: normas para reducir el contenido material peligroso (componentes químicos, productos ignífugos y metales pesados).

1999: la norma ISO 14001 requiere criterios más restrictivos en materia de calidad de imagen de las pantallas y de ergonomía visual.

2000-2009: normas medioambientales más estrictas acordes al progreso tecnológico que requiere el consumidor.

2007: criterios para la certificación de auriculares en función de su rendimiento, facilidad de uso, emisiones y mucho más.

2009: incorporación de requisitos de responsabilidad social para la producción.

2012: aparición de una nueva generación TCO Certified, la etiqueta de sostenibilidad para productos informáticos.

Atención a la salud y la seguridad

La base de los certificados TCO se sentó en los años 80, a medida que los ordenadores se incorporaban gradualmente a los lugares de trabajo. Puesto que las personas comenzaban a trabajar más con el ordenador, empezaron a surgir preocupaciones de tipo sanitario y de seguridad. Las causas de esta intranquilidad eran un diseño ergonómico pobre, niveles elevados de emisiones electromagnéticas y un alto consumo energético. En aquel momento, TCO empezó a trabajar con los usuarios y con la industria para desarrollar soluciones que beneficiaran a ambas partes.

Ámbitos de actuación
para profesionales

No caiga en la misma trampa en la que han caído muchas oficinas al pensar en el aspecto y no en la funcionalidad. Puede comprar material profesional para su hogar, pero es fundamental contar con lo básico, como una mesa y una silla adecuadas.

Prepare su espacio: coloque la silla, la mesa y la pantalla a la altura adecuada (en línea con los ojos), e invierta en un teclado y un ratón apropiados..

Moverse hará que tenga más energía, camine un rato, manténgase en forma y mantenga una buena calidad de vida. Puede que rinda más si pasa menos horas al ordenador pero más concentrado.

Analice sus competencias de comunicación virtuales y no confíe demasiado en el lenguaje corporal, pues en un entorno digital no podrá utilizarlo.

Mantenga el oído en forma y no lo maltrate con música alta. Mire, no queremos que nadie se deprima, pero de todas formas empezará a debilitarse con el paso del tiempo, ¡no le meta prisa!

Ámbitos de actuación
para directivos

Fije un objetivo común entre los directivos y los trabajadores, es una cuestión de comunicación y liderazgo que resulta esencial para que funcione cualquier tipo de colaboración.

Centre su estilo de dirección en las tareas y en las personas que las desempeñarán. La construcción es lo último y debe estar al servicio de los dos primeros elementos.

Analice su estilo de dirección, ¿controla todas las tareas al detalle o delega responsabilidades en otras personas?

Escuche a su oficina cuando esté vacía. Literalmente, escuche los ruidos de fondo que pueda haber y piense en si permiten que se trabaje.

Valore cómo pueden aplicarse las cuatro zonas acústicas C (concentración, colaboración, comunicación y contemplación). Cada una de ellas tiene unos requisitos diferentes.

Capítulo 4:

El profesional más inteligente

LLEGAR A SER VIP

¿CUÁNTO CONOCES A ESTE TRABAJADOR?

En este capítulo:

- Exploraremos el contexto general del trabajo en su vida.
- Aclararemos el nuevo estilo de trabajo como autónomo.
- Nos aseguraremos de que entiende sus capacidades y su personalidad.
- Presentaremos los elementos básicos de la planificación profesional.
- Nos aseguraremos de que entiende por completo las implicaciones de trabajar de forma dispersa y productiva.

El equilibrio entre el trabajo y la vida no existe

Muchos son los que hablan con frecuencia de su equilibrio entre el trabajo y la vida, algo que también se hace en los libros de gestión sobre este tema. La gente tiene que hacer encajar el trabajo con la familia, tiene que cuidarse y mantenerse en forma, encontrar tiempo para descansar y también ceder en intereses que puede que no comparta con su familia. Tiene que rendir al máximo y ser lo más productiva posible cuando desempeña tareas de trabajo. Y para todo esto necesita contar con algún tipo de equilibrio entre el trabajo y la vida. Existe toda industria relacionada con este concepto: conferenciantes que hablan del equilibrio entre el trabajo y la vida, departamentos de recursos humanos que analizan este equilibrio y que en ocasiones pagan sumas elevadas a asesores para que ofrezcan charlas sobre el tema.

Hay una palabra para describir todo esto: chorradas. A menos, obviamente, que quiera contratar a los autores de este libro para que den una charla y les pague una buena cantidad...

En serio, es una tontería. Busque en Google si quiere, aunque no sabemos muy bien qué es lo que busca. Si está trabajando, está viviendo, por lo que esta idea del equilibrio entre el trabajo y la vida es un concepto ridículo. Nadie habla del equilibrio entre comer y vivir, o entre leer y vivir, o de un equilibrio con otras actividades. Esta idea debería ser totalmente ajena a nosotros, puesto que no son la vida y el trabajo los que deber mantener un equilibrio, sino todos los elementos de la vida. Este libro habla exclusivamente del trabajo, pero si usted se ha obsesionado con un deporte, con una afición o con cualquier cosa que esté haciendo que su vida sea un caos, merece la pena analizarlo.

Trabajar de forma más inteligente se basa en coger una tarea y realizarla en el lugar más apropiado. Podría decirse que vivir de forma más inteligente parte de la misma base, ya que, por ejemplo, no está «rigurosamente» en casa cuando pasa tiempo con su familia. Por lo tanto, el equilibrio entre estos dos elementos también debe ser flexible.

Tiene que aclarar una serie de ideas consigo mismo:

¿Qué lugar ocupa el trabajo en su vida? Se han realizado estudios y tests divertidos en los medios de comunicación sobre lo que supone ser un adicto al trabajo, con preguntas del estilo de «¿Prefiere quedarse en la oficina o volver a casa y ver a su pareja?». En nuestra opinión esta pregunta está más relacionada con si su relación va bien o no, pero no es este el tema que nos ocupa. La cuestión del lugar que debe ocupar el trabajo dentro de su vida privada variará sin duda dependiendo de la persona y de su situación. Una cosa es un empleado que simplemente trabaja por dinero y otra el empresario que está creando un negocio desde cero para que siga con él su familia, y entre medias habrá muchos matices diferentes.

¿Qué tipo de trabajo quiere tener para que sea acorde a su estilo de vida ideal? El trabajo debe ser, como mínimo, una forma de mantenerse a usted mismo y a su familia y, si no es así, no merece la pena. También puede ser una manera de desarrollar por completo su potencial profesional. No estamos juzgando indirectamente a quienes trabajan exclusivamente para mantener a su familia, pero este libro se centra en la segunda categoría de personas, en quienes lo que realmente buscan es satisfacción y no trabajan solamente ganarse la vida.

El profesor Peter Warr y Guy Clapperton afirmaron esto mismo en su libro *The Joy of Work?* (Psychology Press, 2010), donde señalaron que para una misma persona tendrá significados diferentes dependiendo de la etapa de su vida. En la parte inicial del libro, Clapperton habla de uno de sus primeros trabajos como administrador de una ONG en la que recibía más dinero y reconocimiento (incluso tenía un cargo con nombre) que en el puesto que ocupó más tarde como reportero junior de una revista comercial sobre tecnología. En este último trabajo iba al bar mucho más con los compañeros al acabar la jornada y, por este y otros motivos, le hizo encontrar este «equilibrio» más fácilmente. Pasado el tiempo, tanto él como algunos de sus compañeros ya no vivían solos, sino que tenían una familia. Al acabar de trabajar lo que querían era ver a sus familias, por lo que el tiempo que pasaban antes de forma social ahora sería perjudicial para el equilibrio entre el trabajo y la vida. Depende totalmente del contexto.

Bien, lo que tiene que hacer entonces es ser sincero con usted mismo a la hora analizar el punto del recorrido en el que se encuentra, tanto personal como profesionalmente. Hasta ahora habíamos conseguido no hablar de «recorridos», pero es importante hacerlo. Piense si está:

- Al comienzo de su carrera: con ganas de agradar y hacer amigos, puede que incluso en una ciudad o en un país nuevos.

- En un punto intermedio de su carrera: ¿quiere que parte o todo lo que hace sea suyo? ¿hay algún otro interés que sea importante para usted?

- Casado/a, soltero/a, feliz con su situación: ¿tiene hijos en los que pensar? ¿qué importancia le da al tiempo en familia?

- En una fase intermedia-avanzada de su carrera: ¿busca algún tipo de independencia? ¿piensa en establecerse por sí solo o en adquirir un puesto superior dentro del lugar de trabajo en el que se encuentra?

- Cerca de la jubilación y pensando en la herencia.

Es importante estar contento en el trabajo y, tal y como señala Dave Coplin en su libro de 2013 titulado *Business Reimagined*, una encuesta realizada en los EE.UU. demostró que el 71 % de los estadounidenses no estaban satisfechos con su trabajo. Puede que la situación sea igual a nivel internacional, o puede que no. Si lo fuera, entonces tendríamos que redefinir nuestros mundos laborales.

Trabajo 2.0

La de Coplin es un ejemplo clásico de vida que parece estar en equilibrio. Cuando habla en público sobre esta cuestión, hay varias cosas que e apasionan. Una de ellas es que el trabajo flexible, del que es un acérrimo defensor, no consiste únicamente en conseguir que todo el mundo trabaje desde casa los viernes. Hay empresas que ya lo han hecho, pero Coplin considera que no ofrece más flexibilidad que pedir a los trabajadores que estén en la oficina de 9 a 5 entre semana.

«De lo que hablamos en estos momentos es de que el trabajo es una actividad, no un destino», afirma. «Es algo que hacemos, no un lugar al que vamos. Si es así como piensa, entonces cambiará la forma en la que percibe el equilibrio entre vida y trabajo y sus expectativas sobre lo que esto significa». Coplin considera que dominar su entorno le permite tener un control total de su vida. Confiesa que esto se debe en gran medida a que no forma parte de una línea de producción y a que no realiza un trabajo que requiera presencia física. Habla con claridad de varios aspectos en los que no existe equilibrio entre vida y trabajo. «No hay una división exacta entre trabajar y no trabajar, hay innumerables puntos intermedios. Puedo trabajar una hora por la mañana, pasar un rato con mi familia mientras probablemente miro el correo y me mantengo al día y luego dedicar realmente un tiempo concreto a actividades específicas», señala. Por ejemplo, el libro al que nos hemos referido no lo ha escrito en una oficina, sino principalmente en la biblioteca, porque este era el lugar adecuado para la tarea. «Sabía que allí no me distraería. O en plena noche, cuando la familia estaba durmiendo».

Se trata de un ámbito en el que la flexibilidad resulta fundamental. Trabajar en plena noche implica levantarse tarde al día siguiente, pero si este es el momento en el que la persona es más productiva, entonces es así como debe organizarse. «Así es como yo entiendo el equilibrio entre el trabajo y la vida: darme a mí, al empleado, el poder para decidir el mejor momento y el mejor lugar para hacer mi trabajo, en vez de ir arbitrariamente todos los días a un lugar específico a una hora concreta».

Resultados y meritocracia

Para entender el funcionamiento de estos procesos, resulta esencial tener una idea de cómo ha adoptado Microsoft (empresa para la que trabaja Coplin) la medición en base a los resultados. La expresión que utiliza al comienzo del libro para describir la actitud que necesita el empleado es la de «actitud autónoma», pero desde el punto de vista del empleador se trata de una actitud autónoma que viene acompañada de un personal que quiere seguridad laboral, que se ocupen de los impuestos y del seguro nacional, vacaciones pagadas, etc.

Coplin indica que Microsoft se ha embarcado en un viaje hacia una forma de trabajar completamente flexible. Llevaba ocho años trabajando en Microsoft cuando empezó a escribir el libro, y afirmó que esta compañía siempre había mantenido un enfoque coherente. «Se me valora totalmente en función de mis resultados», indica. «No se me mide por el proceso, no se me mide por la cantidad de correos que mando. Se me valora en función de la satisfacción del cliente, de los proyectos terminados a tiempo». Microsoft no entra en la forma en la que lleva a cabo su trabajo. Les da a él y a sus compañeros los instrumentos, fija los objetivos y le deja libre. «Tengo libertad para decidir si mañana me apetece vaguear o si el mejor sitio para trabajar es la biblioteca».

Hasta aquí se trata de algo que tienen en común un montón de organizaciones. El próximo paso es hacer que la cultura flexible esté menos automatizada. Andy Lake, de Flexibility.co.uk, critica la flexibilidad de muchas empresas debido a que se basa en excepciones, y Coplin se muestra de acuerdo en cierta medida. «Lo que suele pasar es que alguien habla con recursos humanos por una cuestión relacionada con el cuidado de su hijos y pide trabajar de forma flexible.

En recursos humanos hacen un montón de gestiones y listo»,
cuenta. «Por una parte es genial, pero por otra resulta
problemático. Yo ahora tengo un acuerdo especial y único
con mi empresa que no tiene nadie más de mi equipo». En el
caso de Coplin, se trata de algo que pueden pedir que no se
les da por defecto.

Puede que esto contribuya a algo que han señalado Coplin y
sus compañeros en su estudio sobre trabajo flexible. Se trata
de problemas de confianza, tal y como es de esperar cuando
se cambia de forma de organizar a las personas, pero el
problema no es la confianza entre directivos y empleados.
«La confianza resulta fundamental y con lo que nos
encontramos fue con que el problema estaba entre los
empleados. Trabajo con un montón de agentes comerciales y,
cuando estoy fuera en reuniones, saludando a gente y sobre
un escenario, se preguntan dónde estoy. '¿Dónde está Dave?'
se convierte en un eufemismo para 'Está en la terraza de casa
tomando un café' y lo que descubrimos en el estudio es que
esto da lugar a unos patrones de comportamiento muy
diferentes».

Por ejemplo, los trabajadores flexibles tienden a compensar
en exceso el hecho de no estar en la oficina, aunque no
siempre se trata de una actividad productiva. Puede que lo
que hagan sea enviar más correos y realizar más llamadas

para evitar las críticas de los demás, pero no siempre son llamadas necesarias o correos útiles (véase el capítulo anterior y la opinión de Luis Suárez sobre el correo electrónico).

Para acabar con esta situación, Microsoft trabajará ahora para conseguir que la flexibilidad se convierta en un imperativo estratégico. No se trata de un intento por hacer que los empleados estén contentos, por muy bueno que sea este objetivo, sino que se trata de reconocer que conseguir que los empleados se comprometan de esta forma hará que todo el mundo salga ganando.

Alerta: trabajo a distancia y aislamiento

Toda la autodeterminación que mencionan Coplin y los demás autores debe ser un complemento añadido a un sentimiento de bienestar general. Sin embargo, la Dra. Lynda Shaw, especialista en neurociencia cognitiva, afirma que la vieja cuestión de la confianza sigue siendo importante. «Creo que en el mundo comercial existe una contradicción. Hay muchísimos directivos que creen que si los empleados trabajan desde casa no están trabajando, por lo que se vuelven muy controladores y anticuados». Su investigación indica que se trata de un concepto totalmente erróneo, pues quienes trabajan desde casa normalmente rinden más que los compañeros que lo hacen en la oficina. «No desconectan. Sea cual sea el aparato con el que trabajan, el portátil, la tablet, está encendido desde que se levantan hasta que van a la cama». Lynda asegura que esto puede generar aislamiento y depresión y ya se ha encontrado con muchos casos, incluso de personas mayores.

Una empresa bien equipada y preparada será consciente de esta posibilidad y debe contar con estrategias que garanticen que los trabajadores se sienten implicados y parte de un todo. Las consecuencias pueden ser importantes, tanto si alguien está físicamente aislado como si se encuentra en una familia o en lugar de trabajo compartido pero se aísla al encerrarse al portátil o a la tablet.

Podría decirse que este es el punto en el que el trabajo flexible deja de ser una solución a un problema individual y se convierte en una respuesta endémica para una organización. La investigación de Coplin y de Microsoft demuestra que únicamente el 20 % de quienes trabajan de forma flexible lo hacen para poder cuidar de sus hijos, a pesar de que generalmente se piensa que este es el motivo por el que quieren hacerlo.

Por supuesto, son los empleados quienes tienen que decidir

cambiar para hacer que la autodeterminación y la autogestión pasen a un primer plano y para que el trabajo flexible ofrezca beneficios reales. «Es una cuestión de liderazgo, no de gestión», señala Coplin. Con «gestión» quiere decir gestión tradicional, para lo que es necesario ver a las personas todo el rato y no permite entender que alguien pueda estar trabajando si no se le está supervisando directamente. «El trabajo flexible no funciona bien en un entorno en el que alguien te pregunta por cómo lo llevas hoy y por cuánto has hecho y te pide un informe de situación».

De lo que realmente se trata es de conseguir que su equipo directivo alcance ese nivel de confianza, para que en vez de dirigir a las personas les ofrezca la oportunidad de tomar las decisiones adecuadas». Esto es lo que él llama filosofía anti normas.

Claramente hay otros procesos que deben respaldar esta filosofía, para garantizar que las personas actúan de forma correcta, que se miden sus aportaciones y sus resultados y que se les reconoce el trabajo.

Cuidado con las exclusiones y las decisiones binarias

Un aspecto importante de este tipo de política de trabajo es que los empleados no deben acabar viéndose excluidos de los elementos sociales y empresariales de realizar sus tareas con otras personas. Durante la investigación realizada para este libro y para otros proyectos, los autores se encontraron con lo siguiente:

> Los trabajadores se enteraban de una salida de oficina de la que no sabían nada por trabajar desde otro lugar.

> Los trabajadores también oían hablar de un partido de fútbol sala en el que hubieran querido jugar si se hubieran enterado antes.

> Los empleados se suelen sentir excluidos de la cultura de oficina porque trabajaban de forma flexible.

En muchos sentidos, esta situación puede ser consecuencia de una concepción anticuada de que «trabajar de forma flexible» significa principalmente trabajar desde casa. «No es una decisión binaria», comenta Coplin. «Trabajar de forma flexible significa trabajar desde donde sea apropiado y la oficina no queda excluida como opción». Puede que no siempre sea el lugar ideal para trabajar, pero sigue siendo importante. Coplin está seguro de que, si no va a la oficina una vez a la semana, empiezan a surgir problemas. «Empiezo a alejarme de mis compañeros y no estoy tan conectado como podría, pero me basta con ir una vez a la semana».

La situación será diferente para otra persona; a Coplin le va bien ir una vez a la semana, pero puede que para otros sea mejor ir dos veces a la semana o una vez cada dos. Depende en gran medida del tipo de comunicación que le funcione mejor a un empleado o a un directivo concreto en una situación específica (cara a cara, por vídeo, por voz o por vía electrónica).

Autodescubrirse y encontrar el trabajo ideal

Al final, de lo que se trata es de encontrarse a sí mismo y de encontrar un trabajo/función que sea perfecto para usted. En el último capítulo hemos hablado de adaptar sus lugares de trabajo y de descubrir, por ejemplo, si trabaja mejor en un entorno tranquilo o en un lugar con algo más de bullicio o con ruido de fondo, así como la forma de adaptar una oficina en casa para que funcione mejor. Y entonces, ¿quién es usted exactamente y qué tiene su combinación específica de competencias, habilidades y personalidad para que le haga el candidato ideal para esta función o tarea?

Debemos adoptar un enfoque dual antes de embarcarnos en un cambio profesional basado en el deseo de tener un trabajo totalmente flexible. El sentido común indica que cada individuo será diferente y que cada trabajo se adaptará a los diferentes niveles de autodeterminación. Esto es así hasta que entran en juego diferentes estilos de gestión, puesto que también marcarán una diferencia importante. Por lo tanto, primero hay que determinar lo que usted puede lograr y lo que más le conviene, para luego pensar en el lugar de trabajo y en el tipo de negocio.

Warr y Clapperton (op. cit) sugieren que, para que sea gratificante, todo trabajo tiene que contar con una combinación de «nueve rasgos necesarios». Establecer sus preferencias personales dentro de esta combinación (o las de sus empleados) le ayudará a comprender lo que puede hacerse para mejorar su negocio en base a esta información. Los mismos autores también hablan de 12 «vitaminas», o componentes de un trabajo que deben estar equilibrados para que sea gratificante. Nosotros tendremos en cuenta ambos.

De los nueve rasgos, los más importantes son:

La influencia personal

Obviamente, solo una persona que confíe plenamente en sí misma trabajará bien en una situación que requiera mucha confianza personal. Relacionada con este elemento debe estar la valoración sincera de su capacidad para automotivarse (en materia educativa, Coplin comenta que quienes acaban de terminar sus estudios pueden estar mucho más acostumbrados a que se les dirija que alguien que lleva tiempo trabajando).

Utilice sus competencias

También puede tratarse de capacidades que no estén directamente relacionadas con sus funciones. En realidad, Dave Coplin (Microsoft) trabaja para el buscador Bing, y el interés por dominar el trabajo flexible tanto dentro como fuera de la empresa surgió de él y no de la compañía. Siempre que realice sus tareas principales, no hay problema. Si usted tiene ganas de realizar actividades que vayan más allá de las funciones que se le requiere cumplir, le vendrá bien trabajar de forma flexible.

Variedad

Se trata de un punto relacionado con los anteriores. Muchos puestos ofrecen una gran variedad y para muchas personas la variedad de espacios físicos será un estímulo (incluida una oficina bien equipada y establecida).

Contactos sociales

Resulta esencial garantizar que ni usted ni sus compañeros estarán aislados si se pone en marcha un plan de flexibilidad. Hay quienes no estarán preparados psicológicamente para estar separados de sus compañeros durante un período determinado de tiempo (que no es fijo) y también habrá personas para las que será imposible. De hecho, cuando British Telecom realizó sus primeros experimentos sobre trabajar desde casa a principios del siglo XXI, descubrió que había quienes no querían más que volver a la oficina porque les parecía que estaban haciendo algo malo al no estar allí. ¿Es así cómo piensa usted?   ¿Es una opinión fija?

Además, entre estos nueve requisitos hay necesidades y objetivos claros: un elemento general de buena gestión, dinero, una visión profesional clara y una función valorada.

Warr y Clapperton ofrecen a continuación una analogía de las «vitaminas» que se necesitan para que las personas estén contentas en el trabajo y añaden otras tres características. Una vez más, esta lista tampoco es exclusiva para el trabajo flexible, pero los elementos más importantes son:

Supervisión de apoyo: no es algo que se pueda sacrificar por la simple razón de que alguien no está en la oficina. Sin embargo, resulta esencial determinar el nivel de supervisión que necesita y la capacidad de automotivación de la que dispone.

Seguridad y perspectivas: elemento que puede estar relacionado con los prejuicios de los compañeros que no están convencidos de que el trabajo flexible realmente implique trabajar. Para no sufrir desventajas personales, todos aquellos que vayan a influir en sus perspectivas profesionales deben saber que esto no es cierto.

¿Cuál es su perfil?

Independientemente de lo que se le dé bien y del trabajo que prefiera, su personalidad es un elemento decisivo. ¿Cuántas veces le ha pasado que se enamora de un trabajo, empieza con un montón de energía y de pasión y se da cuenta un par de meses después de que no está hecho para usted? Es entonces cuando mucha gente se da cuenta de que su personalidad es incompatible con la de otras personas fundamentales. Después de echarle la culpa a los demás y de hacer un examen de conciencia total, se dan cuenta de que nunca llegaron a conocerse a sí mimos ni a saber cómo trabajan mejor con los demás.

Consulte obras de Bijoy Goswami como *The Human Fabric*, en la que exalta e investiga las diferencias entre personas. Ilustra estas disparidades siendo él mismo lo suficientemente diferente como para incluir su música y su poesía en la versión audio del libro.

Hay varios oradores y escritores, muchos de ellos bastante persuasivos, que dirán que cada uno de nosotros forma parte de un «perfil». Algunos de estos perfiles resultan bastante útiles. El asesor en materia de liderazgo Nigel Risner afirma en su libro The Impact Code que la gente se divide en leones (directos y tenaces), monos (dinámicos, creativos, energéticos, con la capacidad de atención de un hámster), elefantes (competentes, analíticos) y delfines (muy empáticos). Puede ser una forma atractiva de pensar y, en tanto que orientación muy general, tiene su utilidad. Sin embargo, es muy muy general. Podemos cambiar dependiendo del humor que tengamos o de lo que estemos haciendo. Aconsejamos, con el mayor cuidado posible, que no se sea demasiado simplista con los perfiles y que siempre se recuerde que, si parece demasiado fácil para ser útil o cierto, probablemente sea así.

Sin embargo, Goswami ha sintetizado aún más las cosas en dos perfiles que al parecer funcionan en la vida real. Divide a las personas en tres categorías en función de las siglas ERP (experto, relator y predicador):

Experto: persona que determina lo que sucederá en una organización y fijará las normas. Los expertos son quienes innovan y resultan fundamentales, pero el inconveniente es que puede que no siempre quieran colaborar.

Relator: el relator hace lo que su propio nombre indica, es la persona empática, el que construye puentes y se comunica. Puede que no sean muy innovadores, pero son quienes facilitan la innovación. Piense en el maligno Doctor Watson de la obra *El sabueso de los Baskervilles*. «Cabe que usted mismo no sea luminoso, pero sin duda es un buen conductor de la luz», dice Holmes, asegurando no solo que entendemos la importancia de su función sino también que vemos lo sumamente condescendiente que puede ser el relator extremo.

Predicador: quien se encarga de vender los productos finales (venta tanto en el sentido metafórico como literal), quien difunde la noticia en vez de hablar con la gente a nivel individual.

Goswami señala con claridad que nadie es 100 % experto, relator o predicador, pero que el funcionamiento de cada empresa con la que se ha encontrado requiere los tres perfiles.

Resulta fundamental que comprenda su personalidad y la de aquellos con quienes trabaja para determinar la forma en la que usted o sus empleados encajan en este nuevo mundo laboral. Plantéese las siguientes preguntas:

- ¿Puede realizarse este trabajo de forma flexible?

- ¿Encaja una persona concreta en la forma de trabajo más inteligente?

- ¿Encajan sus compañeros en este tipo de trabajo?, ¿aceptarán que los compañeros que no están en la oficina también están trabajando?

También cabe cuestionarse si «empleador» es la palabra adecuada que utilizar en el siglo XXI. No pase nunca por alto la opción de tener una carrera profesional múltiple o de compaginar un trabajo como autónomo con uno en plantilla. Si el trabajo inteligente tiene un elemento primordial, no hay duda de que se trata de adoptar una actitud autónoma, de pagar por los resultados y no por los métodos empleados. Siempre y cuando se gestione con ética, no debería generar ningún problema.

CAPAS DE PERSONALIDAD

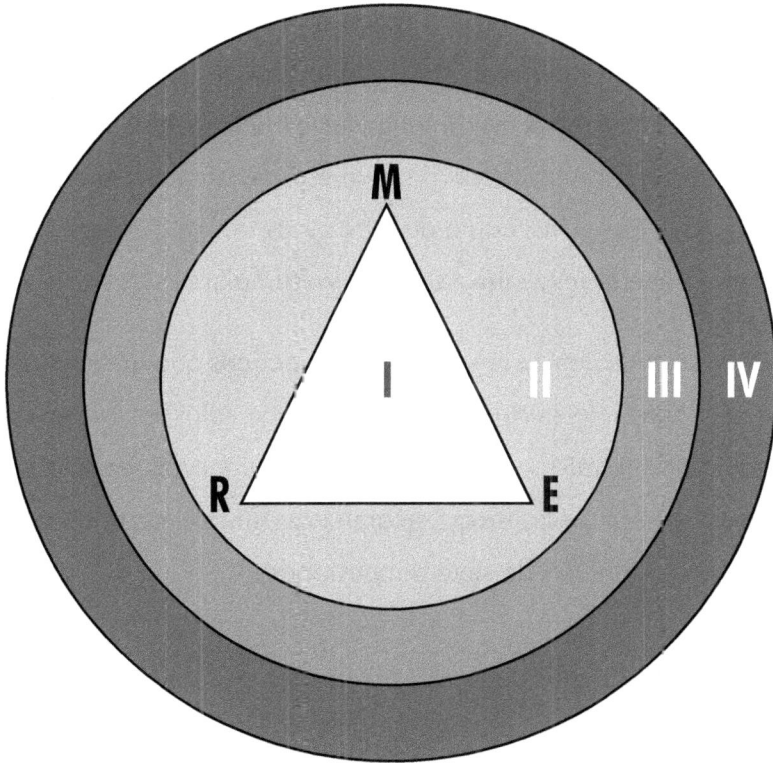

I Motores		**M** Experto
II Valores		**R** Relator
III Estilo de comunicación		**E** Predicador
IV Relaciones		

Fuente: *The Human Fabric*, Bijoy Goswami

Su próximo trabajo ideal

Richard N. Bolles ofrece en *¿De qué color es tu paracaídas?* tanto una visión panorámica como un enfoque sistemático. Este libro es una guía para quienes buscan trabajo, pero su invitación a establecer su estilo personal también puede aplicarse al trabajo más inteligente. Refleja la idea de hacer un «inventario renovado» de lo que usted ofrece al mundo y de lo que busca, así como de esbozar de nuevo la imagen del trabajo que le resultaría excitante y estimulante.

Bolles ofrece una serie de consejos prácticos que le ayudarán a elaborar este perfil personal. Uno de ellos es hacer un gráfico de sí mismo y clasificar todas las facetas en las que pueda pensar. Asimismo, recomienda que se describa a sí mismo en función de siete dimensiones:

- Lo que sabe.

- El tipo de personas con las que le gusta trabajar.

- Lo que puede hacer.

- Sus condiciones laborales preferidas.

- El sueldo y las responsabilidades que prefiere.

- Lugar preferido.

- Objetivos o sentido de misión y finalidad.

El libro dispone de ejercicios que le ayudarán a saber el lugar en el que se encuentra, pero es más sencillo de lo que parece. La persona que interactúa bien con grupos grandes o que presenta bien será diferente de alguien que controla todo al detalle o de un experto en números, etc.

Retos para valorar el trabajo desde casa

Llegados a este punto, ya se ha encontrado a sí mismo y tiene el trabajo perfecto. Ahora conviene conocer al detalle su entorno personal antes de sumergirse en el trabajo a distancia. Tiene que evaluar sus circunstancias personales y su espacio vital. De nuevo le repetimos que trabajar de forma flexible no es solamente trabajar desde casa, sino trabajar de la forma apropiada para la tarea, aunque realmente esto depende en gran medida de lo adecuado que sea su hogar como lugar de trabajo. Algunas de las preguntas que debe plantearse son:

- ¿Tengo un buen lugar de trabajo en casa?

- Si no es así, ¿hay alguna alternativa que me venga bien?

- Independientemente del espacio, ¿es mi casa un entorno apropiado?

  ¿Hay distracciones? (los niños pequeños son un buen ejemplo, pero hay más)

Piense en cómo utiliza su hogar y en si encaja con su estilo de vida y sus requisitos. Annie Leeson, en el informe *Lost in Translation* al que ya nos hemos referido, identifica varios escenarios en los que se utiliza el hogar como lugar de trabajo (véase también la ilustración):

A – Exceso: cuando se lleva trabajo a casa si no se ha terminado o cuando se producen acontecimientos excepcionales en la vida privada de alguien.

B – Alternativa a la oficina: cuando alguien trabaja normalmente desde casa de forma estructurada pero la oficina sigue siendo el núcleo.

C – La casa como núcleo: cuando la mayor parte del trabajo se realiza deliberadamente desde casa.

D – La casa como base de operaciones: cuando el típico trabajador móvil tiene todo su equipo y toda su información en casa pero solo trabaja en ella puntualmente.

E – La casa como lugar para vivir y trabajar: cuando la casa es el único lugar en el que se trabaja.

Hay muchas situaciones en las que estos elementos de trabajo flexible o a distancia surgirán por accidente cuando aparezca por sí sola una iniciativa de trabajo flexible. Sería interesante consultar al empleador sobre si existe la posibilidad de realizar cambios en situaciones en las que no esté satisfecho o cuando crea que un enfoque más deliberado y planificado sería más apropiado.

El estudio *Lost in Translation* de Leeson presenta una visión general excelente de los puntos de presión clave relacionados con trabajar desde casa. El resumen que se ofrece a continuación clasifica estos puntos en estilo de vida general, espacio vital y seguir siendo parte integrante de la organización.

SCENARIOS PARA TRABAJAR DESDE CASA

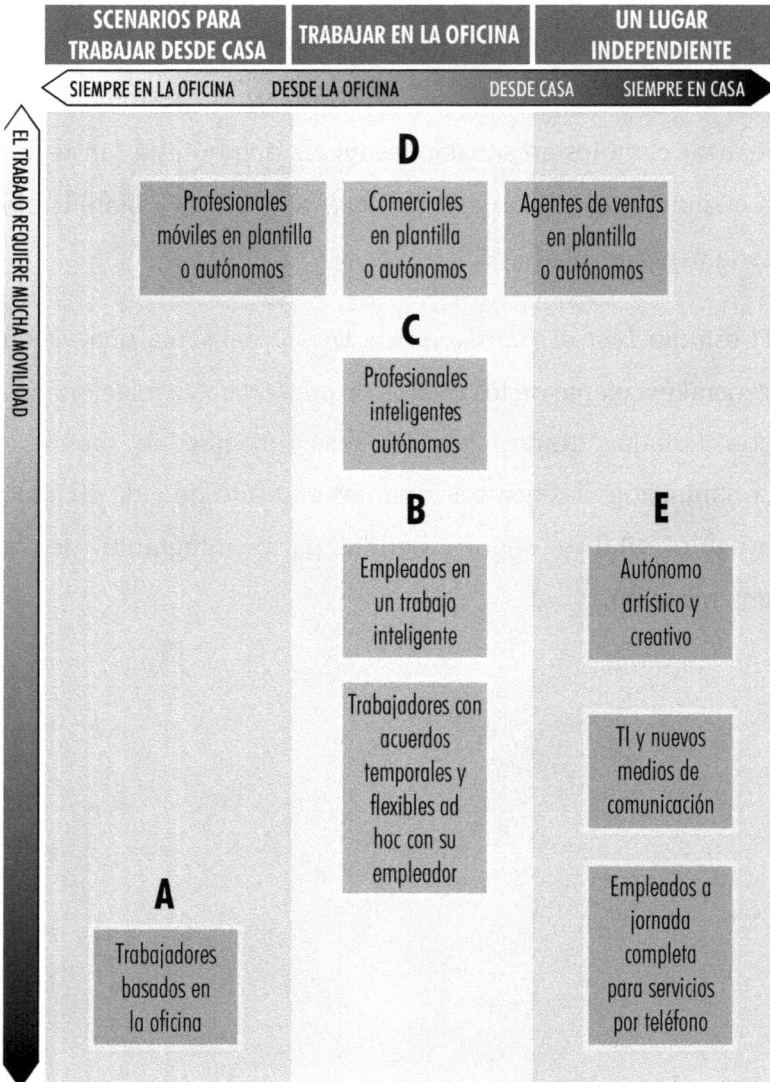

SCENARIOS PARA TRABAJAR DESDE CASA	TRABAJAR EN LA OFICINA	UN LUGAR INDEPENDIENTE
SIEMPRE EN LA OFICINA	DESDE LA OFICINA · DESDE CASA	SIEMPRE EN CASA

EL TRABAJO REQUIERE MUCHA MOVILIDAD

D

| Profesionales móviles en plantilla o autónomos | Comerciales en plantilla o autónomos | Agentes de ventas en plantilla o autónomos |

C

Profesionales inteligentes autónomos

B

Empleados en un trabajo inteligente

E

Autónomo artístico y creativo

Trabajadores con acuerdos temporales y flexibles ad hoc con su empleador

TI y nuevos medios de comunicación

Empleados a jornada completa para servicios por teléfono

A

Trabajadores basados en la oficina

A La casa para el exceso de trabajo
B La casa como alternativa
C La casa como núcleo

D La casa como base de operaciones
E La casa como lugar para vivir y trabajar

Fuente: *Home Working: Lost in Translation*, Annie Leeson

GESTIONAR TODO EL ESTILO UN VIDA

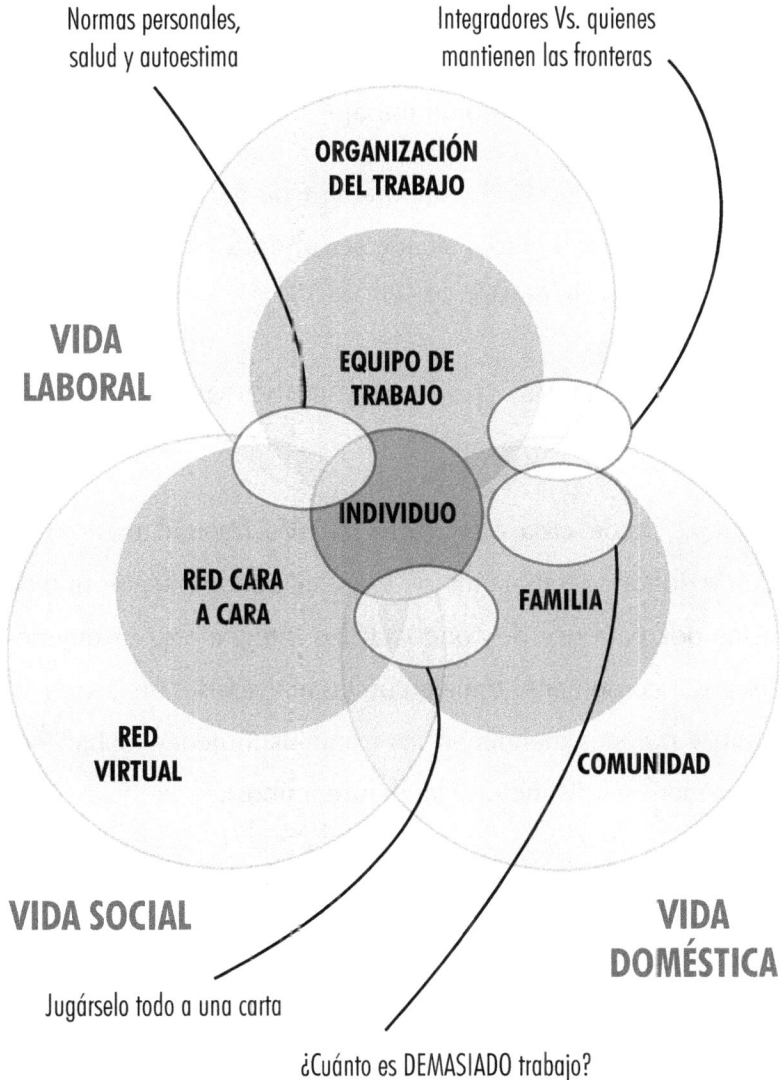

Normas personales, salud y autoestima

Integradores Vs. quienes mantienen las fronteras

ORGANIZACIÓN DEL TRABAJO

VIDA LABORAL

EQUIPO DE TRABAJO

INDIVIDUO

RED CARA A CARA

FAMILIA

RED VIRTUAL

COMUNIDAD

VIDA SOCIAL

VIDA DOMÉSTICA

Jugárselo todo a una carta

¿Cuánto es DEMASIADO trabajo?

GESTIONAR TODO UN ESTILO DE VIDA: PUNTOS DE PRESIÓN CLAVE

Trabajar desde casa tiene muchas ventajas y hay mucha gente que lo tiene idealizado. Sin embargo, quienes trabajan desde casa tienen que gestionar todo un estilo de vida para lograr estos beneficios, no solo un trabajo.

Asegurarse de que la vida labora, la vida doméstica y la vida social están equilibradas puede ser un reto y con frecuencia surgen puntos de presión clave.

Integradores Vs. quienes mantienen las fronteras

Trabajar desde casa ofrece mucha más libertad para elegir desde dónde se trabaja mejor. La gente tiende a seguir uno de estos dos patrones de conducta: los integradores (a quienes les gusta combinar el trabajo con las actividades de la vida en casa) y quienes mantienen las fronteras (quienes luchan por mantener una distinción clara entre ambos).

¿Cuánto es DEMASIADO trabajo?

Uno de los problemas más importantes de quienes trabajan desde casa (tanto de los integradores como de quienes mantienen las fronteras) es la lucha bien entre trabajar demasiado y no cuidar de sí mismo bien por no conseguir motivación y no trabajar suficiente. Sin embargo, el problema más frecuente de quienes trabajan desde casa es trabajar en exceso.

Normas personales, salud y autoestima

En algunos países (especialmente en el Reino Unido y algo menos en Dinamarca y Alemania) sigue existiendo el convencionalismo de que trabajar desde casa es en cierta medida la «opción fácil». Esta idea puede erosionar gradualmente el autoestima de la gente, e incluso afectar a la forma en la que se cuida y se preocupa por el descanso, la dieta e incluso el ejercicio a lo largo del día.

Jugárselo todo a una carta

Si vivimos y trabajamos en casa, los problemas que surjan en uno de estos ámbitos tendrán una repercusión mayor sobre el otro. No podemos ir al trabajo para huir de un problema que tenemos en casa, y al contrario. Cualquier alteración que se produzca en el entorno también afecta tanto a la vida laboral como a la doméstica, ya que todo tiene lugar bajo el mismo techo.

GESTIONAR EL ESPACIO VITAL

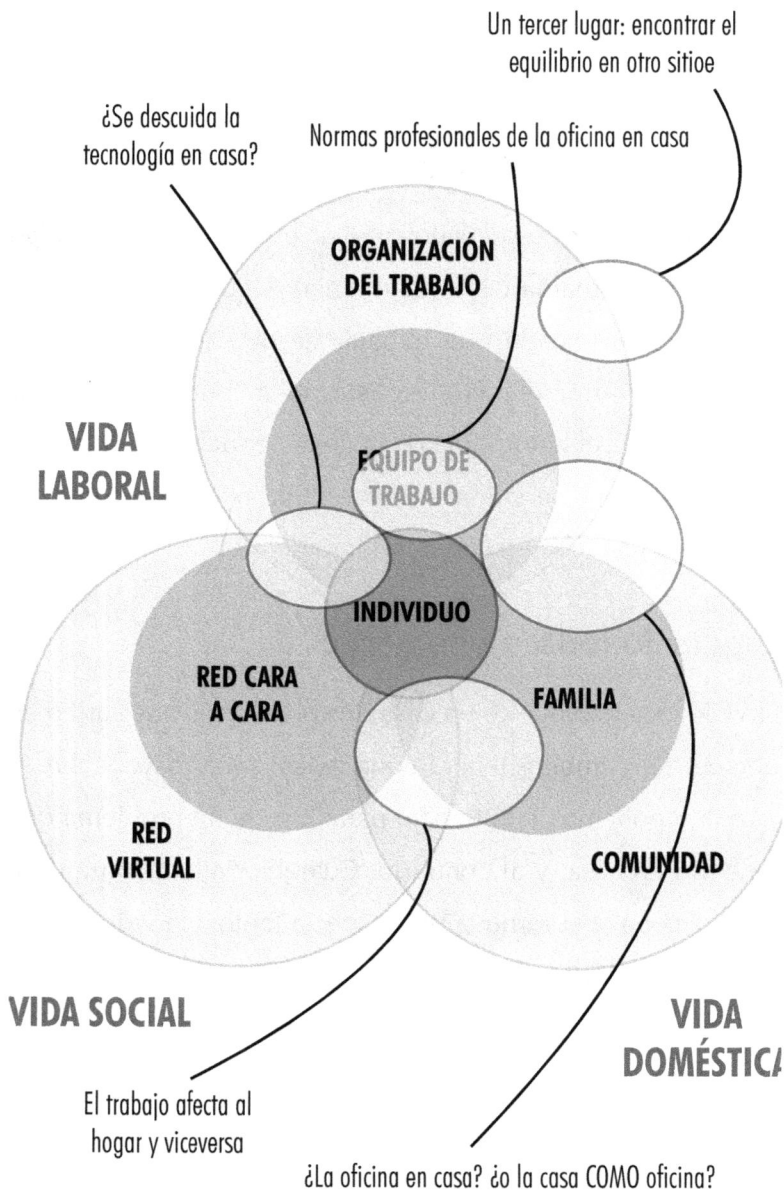

Un tercer lugar: encontrar el
equilibrio en otro sitioe

¿Se descuida la
tecnología en casa?

Normas profesionales de la oficina en casa

ORGANIZACIÓN
DEL TRABAJO

VIDA
LABORAL

EQUIPO DE
TRABAJO

INDIVIDUO

RED CARA
A CARA

FAMILIA

RED
VIRTUAL

COMUNIDAD

VIDA SOCIAL

VIDA
DOMÉSTICA

El trabajo afecta al
hogar y viceversa

¿La oficina en casa? ¿o la casa COMO oficina?

GESTIONAR EL ESPACIO VITAL: PUNTOS DE PRESIÓN CLAVE

Quienes trabajan desde casa han pasado de que se les facilitara una oficina especializada como lugar de trabajo a tener que gestionar su propio «espacio vital».

Para los trabajadores desde casa ad hoc, el sofá o el dormitorio se convierten en una alternativa agradable a la mesa de la oficina.

Sin embargo, para quienes trabajan en casa con mayor frecuencia, crear un espacio vital eficaz supone retos únicos:

¿La oficina en casa? ¿o la casa como oficina?

¿Tiene una habitación exclusivamente para trabajar? ¿o el trabajo se infiltra en todas las zonas de la casa? La investigación ha demostrado que, al igual que sucede con la forma de utilizar el tiempo, los integradores y quienes mantienen las fronteras pueden emplear el espacio físico para separar o integrar la vida laboral y la doméstica.

A las empresas les resulta complicado ofrecer asesoramiento sobre cómo crear y utilizar la casa como oficina debido a las diferencias en materia de espacio disponible y las preferencias individuales. Incluso e-work, la empresa de formación sobre trabajo virtual, dice que los clientes que consideran que no deben interferir en casa suelen eliminar el módulo de contenido sobre «crear una oficina en casa».

Si bien se ofrece así poder de elección personal, puede que los trabajadores se encuentren frente a una desconcertante variedad de opciones y poca orientación profesional para ponerlas en orden.

La tecnología resulta esencial, ¿pero se descuida en casa?

Sin los avances tecnológicos que han permitido a los empleados conectarse con el trabajo, trabajar desde casa nunca resultaría práctico a gran escala. El siguiente paso es que la tecnología ayude a las personas a conectarse mejor con otras personas y no solo con su trabajo.

Debido a la variedad de preferencias personales, las empresas suelen ofrecer a quienes trabajan desde casa un presupuesto y les dejan elegir el equipo informático apropiado para su casa. Esta tendencia está generando un aumento del «prosumo», es decir, que sean los consumidores y no las organizaciones quienes compran el equipo profesional.

No obstante, al igual que defensores de la tecnología, también hay un número elevado de personas que trabajan desde casa (especialmente autónomos y propietarios de pequeña empresas) que no invierten en una tecnología que mejoraría notablemente su forma de trabajar.

Normas profesionales en la oficina en casa

Quienes trabajan desce casa tienen la responsabilidad de definir y gestionar su profesionalidad y sus normas profesionales. Aunque puede que estén trabajando en casa, la imagen que transmiten al exterior no tiene que reflejarlo necesariamente.

El trabajo afecta al hogar y viceversa

Cuando se trabaja desde casa de forma regular o permanente, debe tenerse en cuenta el impacto que esto tiene para el resto de los miembros del hogar. A la inversa, el estar rodeado de sus responsabilidades domésticas puede ser una enorme distracción para quienes trabajan desde casa. Deben tratarse ambos aspectos con el resto de los miembros del hogar para solucionarlos.

Encontrar el equilibrio en otro sitio

Muy pocos de quienes trabajan a distancia realmente realizan todo el trabajo desde la oficina que tienen en casa. Mucha

EGUIR SIENDO PARTE INTEGRANTE DE LA ORGANIZACIÓN

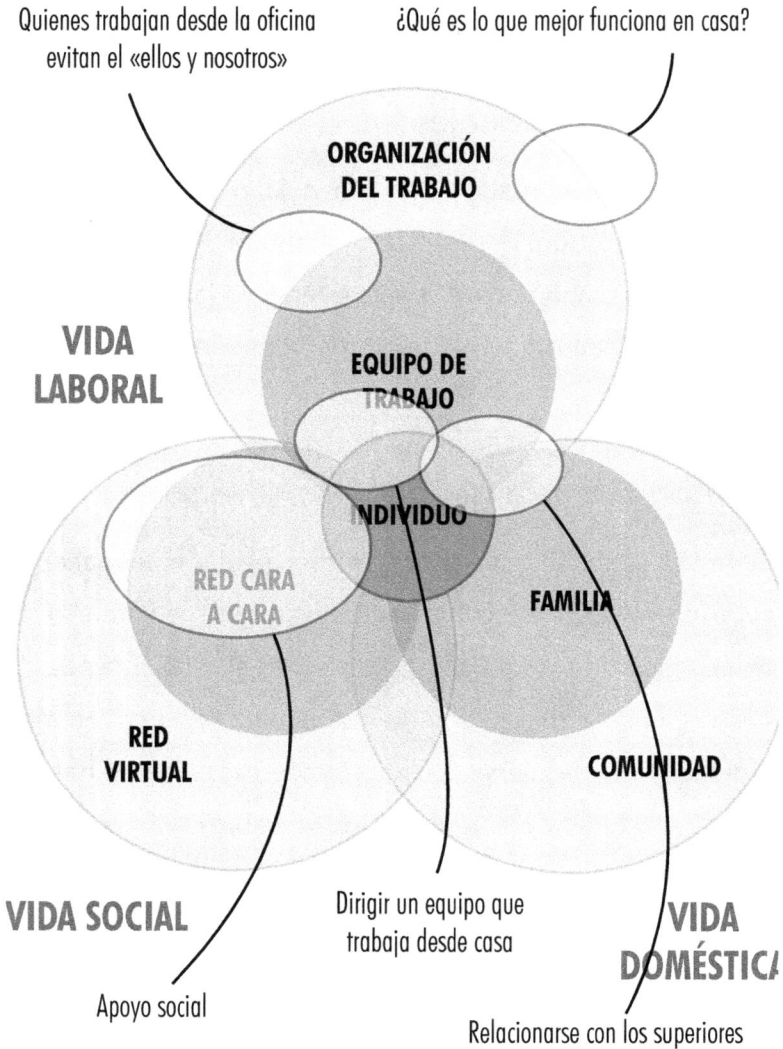

Quienes trabajan desde la oficina evitan el «ellos y nosotros»

¿Qué es lo que mejor funciona en casa?

ORGANIZACIÓN DEL TRABAJO

VIDA LABORAL

EQUIPO DE TRABAJO

INDIVIDUO

RED CARA A CARA

FAMILIA

RED VIRTUAL

COMUNIDAD

VIDA SOCIAL

Dirigir un equipo que trabaja desde casa

VIDA DOMÉSTICA

Apoyo social

Relacionarse con los superiores

Fuente: *The Topology of Work,* Annie Leeson

gente cree que puede trabajar mejor cuando utiliza diferentes espacios para diferentes tipos de trabajo y encuentra el equilibrio al utilizar un tercer lugar de trabajo. En toda Europa están brotando nuevos tipos de terceros espacios destinados específicamente a quienes trabajan desde casa. Algunos de ellos son los centros de trabajo, los espacios para vivir/trabajar y los espacios para trabar con otras personas. Los empleadores incluso pagan a quienes trabajan desde casa para que sean miembros y puedan acceder con facilidad a un lugar de trabajo bien equipado cerca de sus casas.

SEGUIR SIENDO PARTE DE LA ORGANIZACIÓN: PUNTOS DE PRESIÓN CLAVE

De las secciones anteriores queda claro que quienes trabajan desde casa tienen que realizar un cambio importante para gestionar un nuevo estilo de vida que acerca aún más el trabajo y el hogar.

Además, quienes trabajan desde casa ahora también se enfrentan al reto de asegurar que siguen formando parte del tejido de su organización.

Relacionarse con los superiores

Mantener una buena relación con el jefe y con otros líderes de la organización es uno de los principales retos para quienes trabajan desde casa. El miedo a quedarse fuera del círculo, y especialmente a que no se les tenga en cuenta para los ascensos, hace que aprender a gestionar estas relaciones con los superiores sea una competencia nueva importante.

Dirigir un equipo que trabaja desde casa

Para los directivos, puede parecer que mantener el «control» de un equipo disperso es un reto enorme, y probablemente este miedo sea la mayor barrera para que una organización se una al trabajo desde casa. Pero no es una sorpresa, no se puede esperar que la gente descifre por sí sola todo un sistema nuevo de gestión y una nueva cultura, ¡y no va a pasar de un día para otro!

Sin embargo, una vez recuperada la normalidad, contar con un equipo remoto ofrece ventajas enormes. Básicamente, no puede controlar al detalle a quienes trabajan desde casa, y quienes llevan tiempo trabajando desde casa tienen una confianza y una independencia en su trabajo relativamente altas. Por lo tanto, sus directivos tienen más tiempo para centrarse en el panorama global.

Apoyo social

Los aspectos «sociales» de estar «trabajando» son factores muy importantes para hacer que los empleados estén contentos y tienen un impacto positivo para el bienestar y la motivación. A medida que aumenta la cantidad de tiempo que se pasa en casa, ¿cómo pueden garantizar los empleadores que quienes trabajan a distancia no se están aislando del apoyo social de sus amigos y compañeros del trabajo?

A pesar de que quienes trabajan en casa pasan menos tiempo con sus compañeros, resulta fundamental que sigan sintiéndose parte de una comunidad socio-laboral. Las empresas que no fomentan activamente que los empleados se junten para algún tipo de interacción social sufren el riesgo de perder compromiso, lealtad y capacidad de adaptación entre quienes trabajan en casa.

Sin embargo, una ventaja de trabajar desde casa es que las personas tienen más interacción social con la comunidad local y con gente que no pertenece a la empresa. Esto puede estimular la aparición de nuevas ideas, mantener a las personas «conectadas» con el mundo exterior y desarrollar un nivel superior de «competencias sociales» como consecuencia de interactuar con una mayor variedad de personas.

Evitar el «ellos y nosotros»

Otro problema importante que puede aparece al trabajar desde casa es el distanciamiento de quienes se quedan en la oficina. Esto puede ir desde la simple incomodidad de tener que coordinarse con quienes trabajan desde casa hasta un fuerte rencor y falta de confianza. Sin embargo, se puede evitar fácilmente al conseguir una comprensión mutua, igualdad y transparencia en el sistema.

¿Qué es lo que mejor funciona en casa?

Es importante no dar por supuesto que CUALQUIER o TODO trabajo que se realiza en la oficina puede trasladarse de forma satisfactoria a una situación en la que se trabaja desde casa. Para quienes trabajan regularmente desde casa, coordinar la tarea adecuada con el lugar adecuado crea otro tipo de complejidad que tienen que aprender a gestionar.

En especial, las investigaciones que se han llevado a cabo nos han mostrado una diferencia clara entre las elecciones del personal más antiguo y el trabajo elegido por miembros de la organización de reciente incorporación con menos confianza.

Vida familiar

La investigación de Microsoft sugiere que únicamente el 20 % de los trabajadores flexibles piden flexibilidad por motivos familiares. Esto también se debe a que uno de los ámbitos en los que el trabajo flexible puede afectar de forma inesperadamente importante es la vida en el hogar.

«Los horarios cambian sin parar», dice Coplin. «No le puedo decir a mi mujer que los martes vuelvo a casa a las 6. Puede que sí, pero puede que no. Puede que lleve todo el martes en casa, o puede que llegue tarde. No puedo saberlo».

Lo realmente complicado llega cuando un trabajador está en casa sin estar disponible para su familia. Coplin cree que el reto consiste en que tanto los directivos como los empleados tengan una concepción del trabajo flexible que vaya más allá de un eufemismo para «trabajar desde casa». «Tengo cosas que hacer, tengo los libros al lado, hay muchas distracciones», afirma. Para los niños pequeños es especialmente complicado entender que uno de sus padres esté físicamente en casa pero que no pueda jugar/consolarle/darle de comer.

También puede suceder que la pareja espere que el trabajador esté disponible para las tareas del hogar o para mantener una conversación (no es del todo ilógico, porque en la oficina también se hacen descansos), por lo que trabajar en una biblioteca o en algún sitio parecido puede ser una buena alternativa.

El informe de Leeson también pone de relieve algunos aspectos tecnológicos de trabajar desde casa diferentes de los que hemos mencionado en el último capítulo. Su autora predice (podría decirse que «espera») que la tecnología pasará de conectar a las personas con el lugar de trabajo para conectar a las personas entre sí. Los consumidores están adquiriendo gran cantidad de material profesional con la intención de que les ayudará a conectarse mejor. Sin embargo, Leeson indica que muchos están intentando tomar un atajo. Es poco probable que resulte de ayuda, pues la realidad económica es la realidad económica y no todo el mundo tendrá acceso a lo más grande y a lo mejor. Sin embargo, para que una empresa funcione bien tiene que contar con un sistema de conexión con sus empleados adecuado, con todas las fuentes adecuadas en el sistema para que un PDF no se estropee al compartirlo y con una imagen profesional de cara al mundo.

¿Preparado para ser VIP?

Más allá del lugar de trabajo, Annie Leeson considera que es especialmente necesario pulir las competencias comunicativas para convertirse en un Profesional Virtual Interactivo (VIP). Es recomendable recibir formación.

Claridad: hay que comunicarse con claridad para que el receptor entienda el significado correcto. Es fácil que se produzcan malentendidos en la comunicación electrónica y, tal y como asegura Leeson, puede resultar complicado identificarlos cuando la persona que emite el mensaje confuso no ve la cara de asombro de quienes lo reciben.Recomienda ser claros, escribir el contenido de las llamadas y comprobar frecuentemente que se ha entendido bien, además obviamente de utilizar una línea telefónica buena y clara.

Los autores de este libro estamos muy de acuerdo con sus conclusiones, pero consideramos que la transcripción de una llamada no es un sustituto adecuado para un buen acto comunicativo en el que una persona escuche a la otra. La capacidad de escuchar es una competencia que está desapareciendo poco a poco, al igual que hablar con claridad.

Poder: Leeson afirma que en una reunión virtual resulta complicado encontrar las palabras adecuadas para establecer autoridad.

Emoción: conectar con las personas virtualmente no es igual de sencillo que hacerlo cara a cara, y esto es algo que hay que entender. Cuando no se dispone de pistas visuales, no es tan fácil detectar de inmediato las actitudes, los matices y el humor (que a menudo también es un campo de minas cara a cara cuando no es del mismo tipo). Los trabajadores a distancia tendrán que encontrar formas propias de reflejarlos.

Identidad: Leeson lo llama «guiarse sin las apariencias», y no lo podríamos definir mejor. Todo lo que podemos suponer de una persona al conocerla y esa idea que tenemos en nuestra cultura de que «la primera impresión es la que cuenta» desaparecen, o al menos cambian, cuando la otra persona no está físicamente presente.

Contexto: al menos en el Reino Unido, las reuniones cara a cara suelen empezarse hablando de cosas triviales: ¿qué tal el viaje?, pareces cansado, ¿te apetece un café?, etc. Estas frases eliminan las barreras y en ocasiones lo cierto es que desconciertan a personas de otras culturas. Pueden sustituirse por algún tipo de contexto verbal para la situación en el que se permita algo de ruido exterior. Leeson deduce de su experiencia que, cuando en una relación empresarial sale algo mal, quienes no disponen de señales contextuales tienden a echar la culpa a la persona y no a los elementos externos. Asegúrese de que entienden el contexto. Los humanos tendemos instintivamente a necesitar algún tipo de conocimiento interno y a tener en cuenta los elementos externos

Entendimiento: también resulta complicado cuando no se está cara a cara. Aprenda a generar empatía a través de su forma de hablar y, sobre todo, sea un receptor activo. Cualquier equivalente sonoro de asentir y del contacto visual que le indica a su interlocutor que está de acuerdo o no con él serán de ayuda a la hora de crear confianza.

Mantener el interés: seamos sinceros, no perder la atención de la gente en una llamada de conferencia es todo un desafío si solo están escuchando su voz y no tiene un PowerPoint (aunque puede ser algo positivo si, como muchas personas, tiende a utilizarlos demasiado o si usa diapositivas demasiado cargadas). Juegue con las palabras, cuente anécdotas, varíe el ritmo ligeramente y, aunque disponga de nuevas tecnologías, que su uso no le haga perder la atención de la gente. Si tiene que utilizar obligatoriamente PowerPoint u otro programa de diapositivas, eche un vistazo a un buen libro sobre el tema; PowerPoint Surgery (Lee Jackson) es un libro excelente que se centra en cómo deshacerse de las palabras en las presentaciones en la medida humanamente posible.

Dinámica: gestionar un equipo al que puede oír pero no ver puede ser una tarea intimidante. Si realiza presentaciones en línea, asegúrese de que la estructura es rígida y de que la gente sabe cuándo se harán descansos. La tentación de desconectar puede ser grande si alguien está cansado, si quiere un café o cualquier otra cosa o si entra el gato (y no creen que sea necesario decírselo al resto de los participantes).

Nada de esto debe parecer demasiado intimidante, es relativamente sencillo y la mayoría de las personas inteligentes pueden lograrlo. Simplemente no subestime la tarea de mantener la atención de alguien que está en otro lugar. Igualmente, cuando interactúe con otras personas, sea consciente de la medida en la que necesitan saber y entender que les está prestando atención. La relación resultante debe ser igual de productiva que cara a cara.

Trabajar en otros lugares

Si opta por una carrera multifacética, por trabajar entre la casa y una oficina fija, entonces también es importante organizar un conjunto de lugares de trabajo. Este es un elemento al que no suelen prestar atención los directivos que asumen que «trabajar desde casa» o «trabajar en varios sitios» funciona sin necesidad de ayuda.

Como ya hemos explicado anteriormente, los autores consideramos que hay tres tipos de lugares de trabajo que combinar. Estos espacios son:

- La oficina.

- La casa.

- Un tercer luga⁻

Este tercer lugar puede describirse como un punto intermedio entre los dos anteriores (un espacio compartido con WiFi, un centro de trabajo que no sea propiedad del empleador). Podemos ir a una cafetería, claro que sí, pero también está surgiendo una especie nueva de lugares de trabajo compartidos. Algunos son espartanos y están desaliñados, pero otros son centros en el corazón de Londres (y probablemente de otras ciudades) que están a la altura del profesional más exigente.

Richard Leyland siente gran fascinación por estos lugares y exploró algunos de ellos cuando realizó muchos trabajos como autónomo en el 2007. Primero tuvo la idea de crear una base de datos para trabajadores itinerantes, y poco a poco se convirtió en la idea de una aplicación de realidad aumentada llamada Worksnug. La aplicación cuenta con el apoyo final de Plantronics, dispone de un elemento social y analiza lugares de trabajo compartidos de todo el mundo.

«Me di cuenta de que en Londres había lugares buenos y lugares horribles para trabajar», afirma. «También me di cuenta de que la idea del trabajo móvil es sumamente idealista, con elementos de libertad, autodeterminación y flexibilidad. La realidad es completamente distinta, ya que hay factores muy prácticos que pueden decepcionarle, como el ruido, el precio del café, una WiFi de mala calidad, etc.». Evaluar las diferentes instalaciones en función de estos elementos prácticos se convirtió en su pasión. «Pensé que lo que podía hacer era descubrir lo bueno y lo malo que ofrecía Londres y compartirlo».

Indica que su cliente típico prefiere el control y la personalización y sugiere propuestas todo el tiempo. Una idea emergente que aún no ha despegado es la del espacio de trabajo compartido, pero es probable que lo consiga.

Espacios flexibles a nivel internacional

Los requisitos de las áreas flexibles utilizadas como «tercer lugar» a nivel internacional guardan muchas similitudes. Regus Business Centres, uno de los proveedores principales, nos respondió a las siguientes preguntas:

¿Cómo es la demanda internacional de lugares de trabajo flexibles?

«La demanda internacional de lugares de trabajo flexibles va en aumento. En primer lugar, la tecnología móvil permite trabajar desde cualquier lugar. En segundo lugar, la globalización está enviando a las empresas y a los individuos a otros países y continentes, y necesitan un lugar en el que trabajar.

»En tercer lugar, el espíritu empresarial de África y Asia está incrementando. Ahora se utilizan lugares de trabajo equipados y flexibles para iniciar empresas y para hacer que crezcan. En cuarto lugar, las compañías están reduciendo su gasto en bienes inmuebles corporativos gracias a estrategias de lugares de trabajo más flexibles. Según un estudio realizado por KPMG en el 2012, durante los tres años anteriores el 60 % de las empresas había aumentado su uso de espacios virtuales de trabajo.

»Por último, las empresas emplean formas de trabajo flexibles y a distancia para atraer y mantener a sus empleados. En un estudio realizado por Regus a nivel mundial el año pasado, el 48 % de los directivos empresariales afirmó trabajar fuera de su oficina principal al menos la mitad de la semana».

¿Qué tipos de lugares de trabajo flexibles existen internacionalmente?

«A medida que aumenta la demanda de lugares de trabajo flexibles, vemos que cada vez hay más personas que empiezan a ofrecerlos, como pequeños proveedores locales y así. Hay una gran variedad en términos de calidad del espacio de trabajo, por lo que es importante que las empresas sepan lo que quieren que les ofrezca un lugar de trabajo flexible. Por ejemplo, ¿quieren acceso las 24 horas?, ¿es más importante que esté en una zona de prestigio?, ¿quieren tener acceso a salas de reuniones o poder hacer videoconferencias?, ¿quieren una oficina virtual o un lugar de trabajo físico?, etc.».

¿Qué piden los usuarios a los lugares de trabajo flexibles disponibles?

«No se puede generalizar demasiado con este tema porque las empresas utilizan lugares de trabajo flexibles por motivos muy diferentes: para ubicar equipos de proyectos temporales, para explorar un mercado nuevo, para permitir a sus empleados trabajar en lugares más adecuados, para ahorrar dinero en comparación con espacios de oficinas fijos, para externalizar la gestión de la propiedad, etc. Sin embargo, generalmente la flexibilidad, la conveniencia y el valor son algunos de los requisitos principales.

»Los usuarios quieren cosas diferentes en mercados diferentes. Por ejemplo, en África, el petróleo ha generado un aumento significativo de la demanda de lugares de trabajo flexibles y, debido a los problemas de infraestructura de muchos de sus mercados, nuestros clientes dependen de nosotros para garantizarles servicios básicos como electricidad y redes telefónicas fiables. Puesto que en algunos mercados resulta complicado encontrar personal de apoyo con experiencia, valoran la calidad del personal de nuestros centros empresariales. En otros mercados puede que haya otros criterios importantes, desde ofrecer variedad de espacios hasta poder acceder a lugares de trabajo internacionales listos para utilizarse en una ciudad en la que escasean.

»Las multinacionales quieren tener acceso a una red mundial de lugares de trabajo flexibles. Quieren un proveedor de lugares de trabajo flexibles al que acudir para que les ayude a hacer negocios donde quieran. Así se evitan tener que negociar las condiciones con múltiples proveedores locales, buscar abogados locales y visitar innumerables lugares de trabajo antes de encontrar el adecuado. Todo esto ralentiza la expansión, además de que incrementa las facturas administrativas y jurídicas. Por lo tanto, al utilizar proveedores mundiales como nosotros que ofrezcan una red de grandes dimensiones y normas consistentes, pueden crecer con mayor facilidad y rapidez.

»La ubicación y la conveniencia son esenciales. En Pekín, por ejemplo, hace poco un cliente fijó como requisito esencial que el centro se encontrara cerca de determinadas líneas de metro para que el personal pudiera llegar al trabajo con facilidad. Era crucial para la moral de los trabajadores. El hecho de que contemos con una oferta tan variada de emplazamientos en numerosas ciudades es muy importante para nuestros clientes. A medida que crecen las ciudades y empeoran los atascos, la posibilidad de elegir un lugar apropiado será cada vez más importante.

»Otros aspectos importantes para los trabajadores móviles y los nómadas empresariales son la seguridad, la consistencia y la fiabilidad. Si utilizan lugares de trabajo flexibles en una ciudad nueva, quieren saber que tanto ellos como sus cosas estarán en un lugar seguro. No quieren ir a una oficina sin saber lo que se van a encontrar.

»Además, unas normas consistentes fomentan la productividad de los usuarios. Los clientes de Regus Businessworld que utilizan nuestras salas de todo el mundo, incluso en un centro nuevo, pueden conectarse inmediatamente al sistema informático, etc. y ponerse a trabajar rápidamente. No tienen que perder el tiempo intentando entender el funcionamiento del espacio».

¿Cómo funcionan los diferentes lugares de trabajo en cada cultura?

«Hay mucha variación local, por lo que es importante entender las preferencias del lugar y abordar cada mercado de forma individual. Sin embargo, también es mportante entender las prioridades y las culturas de nuestros clientes.

»Por ejemplo, muchos clientes del mundo de la tecnología y de las redes sociales quieren un lugar para trabajar en equipo en sus oficinas. Sin embargo, puede que esta idea sea nueva en otros mercados y países y que tengan que adaptarse los lugares de trabajo ya existentes para cumplir estas funciones. En lo que consiste es en conocer la cultura del cliente y la local, especialmente porque en nuestros centros empresariales normalmente tenemos una combinación de clientes locales e internacionales».

Los factores prácticos que señala Leyland son las cosas mundanas y ordinarias. El nivel de ruido es lo más conocido, y otros elementos importantes son el precio y la velocidad del WiFi y la ubicación de los enchufes, así como el factor intangible de que sea «cool». ¿Es un lugar agradable?

Esto es lo que hace que sea probable que el lugar de trabajo compartido llegue a funcionar. Leyland afirma que, «sin embargo, (aún) no se tiende a trabajar en equipo». «Me considero parte de la comunidad mundial de trabajo colaborativo, he estado trabajando de esta forma durante mucho tiempo y probablemente soy la persona que más lugares compartidos de trabajo ha visitado de todo el mundo». Sugiere que la esfera empresarial aún tiene que aceptar esta idea. «Los equipos de recursos humanos y de instalaciones de las empresas son conservadores. Quienes gestionan los lugares de trabajo compartidos tienen que comunicarse de forma efectiva con ese tipo de personas y ofrecerles el modelo que quieren. Hay un grupo muy conservador de personas que definen lo que tienen los trabajadores móviles en las empresas, así como los elementos de salud y seguridad. Si bien saben que hay gente que trabaja en cafeterías y en estaciones de tren, aún no se han sumergido en la tarea de ayudarles en ese estilo de trabajo, o de animarles a que lo adopten».

Cuando lo hagan, reportará muchos beneficios. El coste de una silla en la oficina, el tiempo que está ocupada, todo esto indica que el futuro es el trabajo flexible, pero la evolución hacia el punto en el que se fomente el trabajo colaborativo como modelo está siendo lenta.

Orientación y formación

Un elemento al que no han prestado atención muchas organizaciones es que los individuos necesitan formación para poder trabajar desde casa. Cabe indicar que el trabajador tendrá que:

- estar motivado,

- poder trabajar sin distracción cuando no esté con su grupo,

- estar lejos de distracciones como niños, mascotas, parejas,

- ser capaz de aislar una habitación entera como lugar de trabajo (cuando su pareja pensaba que compartían toda la casa).

Hay numerosos enfoques que pueden ayudar a superar estas dificultades prácticas, excepto probablemente la última. Asimismo, nadie forma a otra persona para trabajar desde casa o para dirigir el trabajo en función de los resultados y no del tiempo. Tal y como señaló Coplin anteriormente, el origen de este problema está en el colegio, cuando se nos dice a dónde tenemos que ir para trabajar y cuándo hacerlo. Esto viene seguido de una falta de mentores o modelos a seguir en el mundo de los autónomos o de quienes trabajan desde casa. Hay tener en cuenta el compañerismo, investigar las instalaciones compartidas cuando sean recomendables y seguir en esa línea.

Empecemos por la educación

Los colegios y las universidades (en cierta medida) tienden a no preparar a los estudiantes para trabajar de forma flexible. Tenemos que reconocer que el cambio considerable en materia de flexibilidad que se necesita debe ser tan generalizado como lo requiera la situación.

Dave Coplin (Microsoft) señala que a los estudiantes no se les enseña a aprender de forma autónoma, con un enfoque en el que la cartera de proyectos esté gestionada por un trabajador motivado que pueda funcionar por sí mismo. «Los niños empiezan en la base de esta institución, progresan mediante un esquema totalmente estructurado y dirigido que les hace seguir un ciclo y cada año suben un nivel dentro de esta organización. La universidad es algo diferente, pero básicamente también se les organiza todo. Lo que me preocupa es que si al salir del sistema educativo se incorporan a una organización que realmente entienda los beneficios que reporta el trabajo flexible y que quiera colaborar, carecerán de competencias en este ámbito. ¿Cómo se organizan a sí mismos? ¿Cómo gestionan el poder que se les ofrece? Creo que tenemos que empezar a tener presente esta situación y ayudar a las personas a desarrollar estas habilidades».

¿Sufre un trastorno de atención parcial?

Si está participando en una llamada de conferencia, ¿se distrae con el correo o con SMS? ¿navega por Internet? Si está en una reunión cara a cara, ¿tiene aún así la necesidad de mirar todo el rato los mensajes? Si tiene que centrarse en llevar a cabo una tarea, ¿lo hace o tiene la tentación de mirar Facebook u otras redes sociales? Si su respuesta a alguna de estas preguntas ha sido afirmativa, podría sufrir una enfermedad real llamada trastorno de atención parcial.

Los avances tecnológicos nos han permitido estar conectados continuamente, pero esto no significa que tengamos que estarlo siempre. El miedo de perderse algo ha generado un comportamiento compulsivo que hace que muchas personas miren sus mensajes de forma obsesiva. Es algo contraproducente, ya que se pierde la concentración en lo que se está haciendo. Hay varias medidas sencillas que le permitirán recuperar el control:

- Desconecte el correo cuando tenga que centrarse en una tarea, será más sencillo.

- Dedique momentos concretos de la jornada laboral a contestar a los correos.

- Silencie el teléfono y quite la vibración en las reuniones cara a cara

- Intente poner límites lógicos al uso que hace de las redes sociales.

Ámbitos de actuación
para profesionales

Determine en nivel de equilibrio que realmente ha conseguido entre el trabajo y la vida.

Piense en cómo consigue organizar una serie de trabajos/tareas que realmente fluyen y valore su potencial.

Autoevalúe la forma en la que puede encajar en un trabajo flexible.

Realice tests a sus compañeros para determinar la medida en la que encajan en determinados trabajos, ¿les hacen sus puntos fuertes un experto, un relator o un predicador? No caiga en generalizaciones.

Entienda y haga entender a sus compañeros que «flexible» puede significar trabajar en la oficina, trabajar en un espacio compartido, etc.

Analice su casa de forma realista. ¿Qué uso le va a dar?

Ámbitos de actuación
para directivos

Pregunte a los empleados qué es lo que realmente hacen y el motivo por el que tienen que trabajar en un sitio concreto. Céntrese en la tarea y en la persona y no en el lugar.

Acepte que se producirán cambios y desarrolle estrategias para ayudar a los compañeros que puede que ya no encajen en el área en la que antes sí lo hacían.

Realice una encuesta entre sus empleados para evaluar sinceramente si van a aceptar trabajar con compañeros a distancia.

Ofrezca formación cuando sea necesario y deje claro que los compañeros que no están en la oficina pueden trabajar realmente de forma productiva.

Capítulo 5:

La organización más inteligente

ORGANIZAR UN TRABAJO MÁS INTELIGENTE

SEGÚN NUESTROS ESTÁNDARES, ¡ESTE NO ES SU LUGAR DE TRABAJO IDEAL!

En este capítulo:

- Hablaremos de los primeros pasos específicos para evaluar su situación dentro del trabajo flexible y lo que debe cambiar.
- Examinaremos cómo dirigirse a su personal para garantizar que se producen cambios.
- Uniremos las tres disciplinas (ladrillos, bytes y patrones) para que funcionen de forma conjunta y consigan una organización más inteligente con un personal más inteligente.

263

Organizar un trabajo más inteligente

Ahora es cuando ya ha empezado a realizar cambios y piensa que lo ha conseguido. La filosofía del trabajo flexible funciona, ha merecido la pena y está contento. Bien, pero vuelva a pensarlo. Esto nunca se acaba. Hay que seguir revisando el sistema para que funcione con futuras generaciones, que querrán cosas diferentes, y hay que mantenerlo al día.

Quienes hayan leído los capítulos anteriores ya deberían saber que trabajar de forma más inteligente no consiste simplemente en hacer algunas modificaciones (a diferencia de quienes se los han saltado para ir directamente al final, que se han perdido algo muy bueno en la sección sobre CUC del capítulo 2, un punto álgido). Consiste en realizar un verdadero cambio de raíz en una organización que abarque tanto la cultura corporativa como el estilo de gestión. Nunca lo habremos dicho suficientes veces: trabajar de forma más inteligente es un cambio radical que afecta a los líderes, a los directivos, a los asociados, a todos y cada uno de los miembros de una organización y a los elementos del edificio que le da cabida.

En este último capítulo, esperamos presentar algunas medidas prácticas más, esta es la sección de «manos a la obra, es hora de cambiar las cosas».

Sin embargo, el trabajo más inteligente tiene que dirigirse en último término desde arriba. Si usted es un empleado que quiere que se produzca un cambio en una organización desde la base para seguir subiendo, es posible que lo consiga, pero únicamente si se dispone de un argumento empresarial sólido que impresione a quienes tomarán las decisiones.

Si usted es directivo, entonces tiene que estar preparado para las barreras de la gestión intermedia descritas en el capítulo 3, además de para llevar a cabo cambios en tres áreas prácticas (ladrillos, bytes y patrones) como parte de un esfuerzo multidisciplinar realmente integrado (véase la ilustración de la siguiente página)

Asimismo, dese cuenta de que decimos «el cambio» para simplificar, pero que obviamente se trata de un proceso continuo. Los elementos que agradarán al personal en el 2014 se parecerán a los del 2020 (las cosas no cambian tan rápido), pero habrá diferencias. La próxima generación tendrá expectativas que puede que aún no hayamos previsto.

Lo que es poco probable que cambie es la necesidad de comprometerse con la organización, algo que debe lograrse en cada una de estas tres áreas prácticas.

LAS BASES DE UNA APLICACIÓN
SENCILLA DEL TRABAJO MÁS INTELIGENTE

PERMITIR A LOS ASOCIADOS TRABAJAR DONDE Y CUANDO SEAN MÁS PRODUCTIVOS, RENTABLES Y RESPETUOSOS CON EL MEDIO AMBIENTE

ADRILLOS

- Topología del trabajo
- Trabajo basado en actividades

BYTES

- Comunicación unificada y colaboración

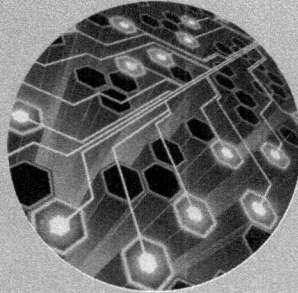

PATRONES

- Competencias de interacción virtual de directivos y asociados

Fuente: *Simply Smarter Working*, Plantronics

Liderazgo empático y comprometido

En este libro ya se ha mencionado la necesidad de que Philip Vanhoutte o, para usar el término empleado por el gerente de instalaciones George Coffin, otros «peces gordos» de Plantronics se tomen en serio la evolución hacia un trabajo más inteligente, pero se trata de un punto que merece la pena volver a tratar. Esta nueva filosofía no se adoptará sin ese liderazgo, sin un directivo que luche por ella, así de fácil. Un liderazgo desde arriba resulta absolutamente fundamental.

Louis Lhoest (Veldhoen) es una de las autoridades en materia de cambiar los enfoques laborales de este modo. Parte del punto de vista del «trabajo basado en actividades». «En lo que consiste es en analizar la forma en la que apoyamos a las personas para que realicen sus trabajos y sus tareas de una forma concreta, especialmente examinando la mejor manera que tienen las empresas para respaldar las actividades que desarrollan las personas», afirma. Nótese que parte de la persona y de la forma de apoyarla, no diciéndole lo que hay que hacer. Muchas empresas parten de la organización y de sus estructuras y cargos propios, lo que no suele resultar efectivo. Un método mucho mejor es tomar las necesidades del negocio, los valores que quieren mantener las personas en su vida y los resultados deseados y garantizar que la organización apoya a los trabajadores a lograrlo de la mejor forma posible.

«Una de las condiciones es el entorno físico, el propio ambiente de trabajo. Otras son las herramientas informáticas y de colaboración y la formación ofrecida y, en tercer lugar, las directrices fijadas para cómo se tienen que hacer las cosas».

Este es un punto importante que tratar. El trabajo más inteligente se centra en gran medida en el individuo, pero no puede convertirse en la ley de la selva. Los empleados se han referido al hecho de adoptar una actitud autónoma cuando trabajan de forma más inteligente como parte de la plantilla, pero esto no implica que la organización gire por completo en torno a ellos. Es una cuestión exclusivamente de libertad para elegir dentro del equipo y de perspectiva organizativa.

Lhoest opina que, entonces, el punto central del análisis del funcionamiento de un negocio es la actividad. En la teoría no hay dudas, ¿pero cuáles son los pasos prácticos? En enfoque de Lhoest normalmente consiste en:

- Estudiar a su cliente en base a lo que hace y al lugar en el que trabaja.

- Establecer el porcentaje de tiempo que se cedica a cada tarea.

- Hablar de lo que tienen que hacer para llevar a cabo estas actividades de una manera óptima.

Un ejemplo que refleja el entorno moderno nos lleva de nuevo a la filosofía ce Luis Suárez sobre la colaboración virtual. Las personas colaboran por vídeo y cara a cara y trabajan de forma conjunta con documentos; puede que les lleve un hora, o una hora y media, por lo que una de las recomendaciones de Lhoest es ofrecer algún tipo de privacidad adicional. «Los entornos laborales tradicionales no lo ofrecen porque se trata bien de un espacio abierto o de una sala cerrada y hay poca diferencia entre ambos».

Como es natural, un liderazgo fuerte resulta esencial para que funcione. Debe recorrer toda la organización. No hay una forma de liderazgo definitiva que haga que funcione, afirma Lhoest. Lo más importante es la conexión entre los motores del negocio, los valores de la empresa y los trabajadores, así como la forma en la que se traduce en prácticas laborales. «Si se logra esta conexión, es muy probable que las personas se comprometan, porque todos quieren contribuir de alguna manera». Lo único que tiene que hacer es conectar el motivo por el que los comportamientos deben cambiarse con los cambios empresariales que se piden y la gente los llevará a cabo, siempre. «Los gerentes tienen que predicar con el ejemplo y demostrar que hacen lo que piden, que no tienen miedo de equivocarse».

A los directivos les tranquilizará saber que resultado en la mayoría de los casos es un aumento del rendimiento.

La reducción de costes, el aumento de la productividad gracias a una mejor colaboración y empleados más satisfechos son algunos de los beneficios que deben aparecer rápidamente.

¿Compensa trabajar de forma más inteligente?

La pregunta sobre el rendimiento de las inversiones en trabajo más inteligente surgirá en diversas etapas del recorrido. Varias encuestas e informes de análisis han demostrado que, desde que se aplicaron por completo todos los planes de cambio de espacio, tecnología y recursos humanos implantados en el 2010, Plantronics Europa y África se han logrado los siguientes beneficios:

Racionalización de los activos fijos

- Reducción del espacio de oficinas en el Reino Unido, de 4470 m2 a 1965 m2.

- Ahorro de costes en bienes inmuebles de más de 300 000 € anuales.

Eficacia operativa empresarial

- Ahorro de un 40 % en llamadas realizadas.

- Ahorro de un 65 % debido a la eliminación de los costes de las llamadas internas o de las llamadas de conferencia.

- Ahorro de costes de más de 90 000 € gracias a la retirada de teléfonos fijos, a la reducción de los viajes y al equipo estandarizado.

Mejoras en las medidas del personal

- Reducción de la rotación voluntaria del 15 % al 3,2 %.

- Reducción del abandono del 12 % al 2 %.

- Reducción de absentismo laboral del 12,7 % al 3,5 %.

- Mejora de un 40 % de la satisfacción de los empleados con el lugar de trabajo (encuesta Leesman previa y posterior a la intervención).

- Mejora del compromiso de los empleados de hasta un 86 % (lo normal en el sector es un 69 %).

- Mejora de la retención o de la «intención de quedarse», que ha alcanzado un 98 %.

Valore las necesidades de su organización

Lhoest indica que el mejor lugar para iniciar este programa fundamental de cambios es el lugar en el que se encuentre ahora. Parece obvio, pero no todo el mundo lo hace, porque la idea de «reorganizar de arriba abajo» puede interpretarse como que cuando los altos cargos tienen una idea la imponen al personal que está por debajo.

Esto únicamente funcionará si quienes están en los niveles inferiores están de acuerdo con la opinión de los de arriba. Sin embargo, como enfoque científico dejar mucho que desear. Una encuesta científica bien realizada es la única forma de determinar lo que realmente sucede en una empresa.

Una opción es la encuesta de Leesman, a la que ya nos hemos referido en este libro. Es una creación de Annie Leeson y Tim Oldman que contiene numerosas preguntas de investigación sobre los lugares de trabajo fijos, que han variado notablemente en las organizaciones debido a sus aportaciones.

Algunos de los errores comunes de las empresas actuales son:

Una mentalidad cerrada: las organizaciones se autodenominan innovadoras o empresariales, pero lo que realmente sucede es que tienden a evitar el riesgo. Leeson considera que «reacio al riesgo» y «empresarial/innovador» son conceptos opuestos.

Mala colaboración: muchas son las empresas que ponen la palabra «colaboración» al final de la lista de lo que hacen y, en lugar de considerarlo como una virtud, en tiempos económicamente difíciles tienden a cerrar las escotillas y a aislarse a pesar de sus intenciones.

Desconocer lo que pasa en otros sectores. Puede que una editorial se interese por lo que hacen otras editoriales importantes, por ejemplo, pero normalmente no estará dispuesta a mirar más allá de su mercado intermedio. Del mismo modo, los banqueros analizarán el mundo en función de lo que hagan otros bancos. Necesitan recibir inspiración de fuera de su sector.

Medición

El Índice Leesman (en leesmanindex.com, como no) sirve básicamente para determinar el punto en el que se encuentran las empresas y lo contentos que están sus empleados en un momento determinado. Lo mejor es que se realice de forma periódica, y muchos clientes optan por hacerlo una vez al año, pero hay algunas salvedades. Si un empleado quiere utilizarlo o pedir a sus propietarios que hagan otras preguntas con el objetivo de realizar cambios estructurales en el trabajo, puede que no funcione. Leeson realiza las siguientes observaciones:

> Si a los empleadores les dan miedo los resultados negativos, puede que los eliminen en lugar de actuar en consecuencia.

> Si los empleados perciben que este tipo de encuesta va a suponer un cambio repentino en sus intereses, puede que se creen expectativas artificialmente altas.

Leeson sugiere que, si fuera experta en estrategias del lugar de trabajo y quisiera poner en marcha el trabajo más inteligente, utilizaría otro método para dirigir el proceso que no fuera Leesman.

El índice consta de un cuestionario principal que debería dar a las empresas una idea clara del lugar en el que se encuentran en términos de preparación para trabajar de forma inteligente y para otros cambios y, además, ofrece una justificación. Tim Oldman empezó a trabajar en el mundo de la arquitectura como diseñador dentro de la incustria del transporte y más tarde pasó a los espacios de exhibición. En este sector el rendimiento era esencial, como un sentimiento de permanencia en una estructura temporal. Tenía que informar de la circulación y del número de personas que podían pasar por un puesto de exhibición. A continuación se pasó al sector minorista y diseñó dependencias en las que todo estaba medido y más tarde se dedicó al diseño de oficinas, donde, además de algunas medidas relacionadas con la salud y la seguridad, le sorprendió descubrir que la medición del rendimiento de los espacios que veía era lamentablemente deficiente. Creía que esto era un error, por lo que empezó a sentir curiosidad por herramientas que tradicionalmente se asociaban con el asesoramiento de la gestión o con el compromiso de los empleados.

Fue entonces cuando empezó a trabajar en la transformación corporativa, pero se encontró a sí mismo volviendo a poner a prueba rápidamente su teoría de topología laboral. «Quedé un día para cenar con una antigua cliente y, después de años hablándole de la calidad que tenía, acababa de hacer el test psicológico Myers-Briggs para el trabajo.

Hablamos de lo que le había permitido ver y entender personalmente y le expliqué que eso era básicamente lo que yo había estado intentando hacer para las empresas: un método estandarizado de elaboración de perfiles para los lugares de trabajo, una revisión médica estandarizada».

Entonces fue ella la que preguntó por qué nadie había intentado hacerlo antes y hablaron de cómo podría un patrón mundial llegar a ofrecer una percepción sólida del valor de las oficinas corporativas. Oldman siguió investigando y le sorprendió descubrir que nadie había elaborado dicho modelo. Se volvió a poner en contacto con Leeson y fue en ese momento cuando surgió el Índice Leesman. El objetivo de Leeson era gestionar el lugar de trabajo como un espacio físico y una infraestructura y quería llegar a los gerentes de las instalaciones o sus equivalentes en las organizaciones. Quien desee utilizar el Índice Leesman tendrá que tener en cuenta que su objetivo es la parte de los «ladrillos» de la metodología multidisciplinar para la aplicación del trabajo más inteligente de Plantronics.

Cambios en las personas

Los resultados del cuestionario suelen ser fuente de sorpresas. Oldman lo compara a cuando vas al médico de cabecera y te manda hacer una radiografía, porque el informe será así de detallado. «Tuvimos un cliente de servicios financieros que obtuvo resultados tan malos en todas las áreas que decía que era como un baño de sangre. Todas las barras del gráfico eran rojas en vez de verdes y él lo comparaba a cuando te sangra la nariz. Sin embargo, el equipo de diseño que heredó el proyecto probablemente lo hizo encantado, porque hicieran lo que hicieran siempre sería para mejor».

Lo que puede resultar más interesante es que algo relativamente barato y sencillo marque una gran diferencia. El gráfico de un cliente tenía barras verdes definidas para todos los campos menos para dos o tres. Oldman cuenta así la historia: «Era una gran empresa con cuatro edificios y una de las áreas en las que obtuvo un resultado malo fue la señalización interna. En uno de los edificios había entrado personal nuevo, pero como no había letreros por fuera tenían que recordar qué edificio era cada uno. Entonces decidieron poner carteles en el exterior». Este año se repitió la encuesta y la barra en esta ocasión fue verde, con un coste tal vez de cientos y no de miles de libras. «La encuesta va más allá de lo que suelen tener en cuenta los arquitectos a la hora de diseñar la oficina», afirma Oldman. En otro ejemplo se había estropeado el sistema de reserva de salas y la gente estaba haciendo reservas sin ocupar las salas, por lo que había personas que no tenían ningún sitio en el que reunirse cuando había oficinas vacías por todas partes. Un pequeño servicio interno realizó grandes esfuerzos por recuperar un sentimiento positivo en la organización. La ergonomía y la tecnología eran las adecuadas, pero la reserva de salas en grupos simplemente no había funcionado.

Leeson señala también que son este tipo de detalles minúsculos los que determinan que una iniciativa de trabajo más inteligente sea un éxito o un fracaso. «Se pueden ver los detalles físicos o de protocolo que generan problemas y que pueden poner trabas a las personas».

En el 2013, Leeson y Oldman analizaron las tendencias generales y descubrieron que lo más importante de un lugar de trabajo eran los elementos personales. En la parte superior y en la parte inferior se encontraban los «factores de cohesión social», como les llama Oldman, que en todo el mundo se mantenían a un nivel elevado en los lugares de trabajo más productivos. Leeson identifica algunos de los elementos necesarios para que esta parte del negocio funcione:

- Interacción social.

- Conocer a los compañeros.

- Accesibilidad.

- Relajarse, lugares para tomar té/café.

Es aquí donde adquiere importancia la teoría de Oldman sobre la «topología del trabajo». Las cosas que aparentemente quedan al margen en una organización grac as a las estrategias de trabajo a distancia acabarán inevitablemente por salir a la superficie en algún otro lugar. ¢Es como perseguir a un gatito bajo un edredón», afirma utilizando una metáfora de Leeson. «Si se le aprieta, aparecerá de nuevo en otro sitio.Por lo tanto, si un equipo ejecutivo intenta oprimir un aspecto del lugar de trabajo, reaparecerá por otra parte». Si por ejemplo se trata de un interés social, surgirá en otro sitio.

Puede que no se ahorre dinero y puede que gaste más después de conocer las necesidades de sus trabajacores.

Este es el punto en el que los lectores que simplemente quieren ahorrar dinero al trabajar de forma flexible deberían mirar para otro ladc. «Hay muchísimos gerentes que consideran que el trabajo flexible es dispersar las actividades por otros lugares, fuera de sus radares, pero sigue siendo necesario que se desarrollen estas actividades y, si van a repercutir en el resultado de la organización corporativa, ¿no deberían tenerse en cuenta y respaldarse?» No se trata solamente de reducir el gasto, sino que también hay que invertir.

No son solo los beneficios fáciles los que implican gastar más. Uno de los clientes de Oldman y Leeson, una empresa de gestión de instalaciones, tendrá que destinar parte del presupuesto a mejorar el mantenimiento, puesto que las plantillas dispersas empiezan a tratar la oficina como un hotel y esperan que de su cuidado se encarguen otros. Por ejemplo, el trabajador a distancia dejará las tazas limpias de café en el lavavajillas mientras que quien trabaje en la oficina se preocupará por sacarlas. Detalles que se sumarán a los costes rutinarios. Asimismo, quienes utilizan la oficina como uno de varios lugares de trabajo esperarán una mayor calidad, puesto que tienen otras opciones. Si las sillas de la oficina son incómodas, se esfumarán volando a casa o a otro sitio.

Asistencia y herramientas para un trabajo más inteligente

Se pueden identificar varias áreas en las que la gestión puede cambiar sutilmente. Leeson está realmente convencido de que la flexibilidad en el lugar de trabajo no requiere un cambio general de la gestión, sino una mejor aplicación de los estilos de gestión probados. «Todas las investigaciones que he llevado a cabo demuestran que lo que se necesita no son formas diferentes de gestión, sino simplemente una gestión de 'mayor calidad'. Todas las organizaciones que optan por no hacer nada están dejando pasar la oportunidad de mejorar por completo las capacidades de liderazgo y de gestión de su personal».

Afirma que la competencia clave para actualizarse es la asistencia. «La asistenc a es un directivo que apoya a alguien para que trabaje lo mejor posible, que no es lo mismo que decirle lo que tiene que hacer», añade. «Si se hace bien, el resultado es que los empleados trabajan bien bajo su propia motivación en lugar de tener que ir al sitio en el que tienen que estar para que les paguen».

En resumen, es absolutamente necesario contar con una política de trabajo más inteligente. Las necesidades físicas y de infraestructura virtual pueden descubrirse al utilizar herramientas de encuesta como el Índice Leesman. Preste suficiente atención a las zonas acústicas y a unas TIC seguras y fiables. A partir de ahí, un diseño de trabajo inteligente detallado se basa en los aspectos específicos del trabajo y del profesional al que se le asigna. Lo más importante es la formación y la asistencia.

A la hora de analizar el trabajo cabe preguntarse si es posible realizarlo a distancia sin que ello afecte negativamente al negocio y que preferiblemente tenga consecuencias positivas. En segundo lugar, hay que pensar si la persona que realizará el trabajo será capaz de automotivarse, si tendrá las dependencias apropiadas en casa y si necesitará más asistencia. Plantronics utiliza una lista de comprobación llamada LISA (Location Independency Suitability Analysis o Análisis de la Conveniencia de la Ubicación Independiente). Lo primero es comprobar si el trabajo o el conjunto de actividades son adecuados para un método de trabajo a distancia o flexible, para luego centrarse en la persona implicada.

Un buen líder analizará a continuación la configuración espacial deseable para trabajar y pondrá en práctica las cuatro zonas acústicas C de Myerson en la med da de lo posible. La concentrac ón, la contemplación, la colaboración y la comunicación necesitan áreas diferentes. No, no puede ni debe controlar los hogares de sus empleados, pero tal vez sí que pueda preguntar es por el lugar en el que trabajarán y por el motivo que les ha llevado a elegirlo. Tim Oldman descubrió en el 2013 que la mayoría de quienes trabajan desde casa siguen haciéndolo en lugares que no han sido ideados para ello, como mesas de cocina, y puede que esto sea perjudicial a largo plazo. ¿Puede permitirse que suceda esto en su negocio? Asimismo, quienes vayan a hacer una reserva en un hotel tendrán que saber si van a tener que trabajar cuando estén de viaje, porque en ese caso no pueden ir a un sitio sin WiFi.

Ya hemos hablado de los requisitos en materia de TIC de trabajar a distancia. Un buen proceso supondrá el empleo de smartphones, auriculares, accesorios para el coche, tablets y todos los dispositivos adecuados, pero también implicará que el departamento de informática tiene que poder opinar sobre el tipo concreto de tablets para que las aplicaciones corporativas se vean correctamente en la pantalla. La infraestructura TIC del edificio tendrá que ajustarse a la tarea (las organizaciones de mayor tamaño necesitarán definitivamente fibra).

Por último, la formación es la columna vertebral de lo que puede llegar a ser una empresa virtual. Puede que los gerentes que estén leyendo este libro den por supuesto que la gente sabrá lo que quiere hacer y que tendrá mucha iniciativa a la hora de automotivarse y autoformarse. Puede que sí. Pero también puede que no. Siempre se ofrece formación para las nuevas herramientas, pero también es muy importante ofrecer formación sobre cómo trabajar a distancia y sobre cómo responder al nuevo tipo de directivo que de repente ya no necesita verle. Plantronics utilizó www.e-work.com para ofrecer formación personalizada a asociados y directivos e incorporó el e-profiler, una herramienta de software que permite a los asociados personalizar los conjuntos de instrumentos que necesitan para trabajar.

Desde el punto de vista de los directivos más que de los empleados, lo que queda por hacer es medir el progreso empresarial. Con casi total seguridad, para este proceso se requerirán herramientas especializadas. Plantronics descubrió que las que se encuentran disponibles en www.successfactors.com se centraban más en los resultados que en el proceso.

Encerrados en casa: los centros de contacto aprovechan los hogares

El fenómeno de utilizar a personas que trabajan desde casa para que desempeñen funciones de contacto con los clientes es realmente una idea que ha alcanzado la madurez. Cada vez hay más pruebas que demuestran que trabajar desde casa está a punto de convertirse en una opción aceptable y sumamente eficaz para organizaciones tanto del sector privado como del sector público.

Históricamente, algunos de los que forman parte del mundo de los centros de contacto (y la sociedad en general) han considerado que trabajar desde casa es un método más apropiado para personas creativas y autónomas que para quienes trabajan para clientes de grandes marcas o para organizaciones del sector público, desde consejos hasta autoridades sanitarias.

Sin embargo, las actitudes están cambiando y hoy en día es probable que un ciudadano londinense que tenga que pagar una multa que le han puesto en Westminster hable con alguien que trabaja desde su casa en Dingwall, a cientos de kilómetros, que gestionará su consulta sin contratiempos desde una casa de campo en la montañas escocesas. La tecnología está acabando con las barreras que impiden hacer las cosas de una manera diferente y existen indicios de que también se están superando barreras psicológicas.

Antes existía un escepticismo generalizado sobre el hecho de que el tipo de trabajo que realizan los agentes de los centros de contacto tradicionales pudiera realizarse fuera de los confines de un entorno rigurosamente controlado y centralizado. Sin embargo, ahora se está empezando a descubrir que las cosas pueden hacerse de otra manera al permitir a los trabajadores ejercer desde casa, y que en algunas situaciones pueden hacerse mejor y con un menor coste.

El tipo de personas que se ofrecen para trabajar desde casa suelen tener un nivel de formación superior al de quienes trabajan generalmente para centros de contacto, lo que supone un nuevo impulso para una industria que tiene una necesidad extrema de trabajadores del conocimiento.

Aún así, sigue habiendo barreras significativas que pueden dificultar el crecimiento en materia de trabajo desde casa en el Reino Unido y hay que hacerles frente desde los niveles políticos superiores para que haya más empresas y empleados que reciban los beneficios de trabajar desde casa.

Paradójicamente, quienes ya dirigen operaciones de trabajo desde casa con éxito han señalado en la encuesta de la Asociación de Contacto con el Consumidor del Reino Unido (Customers Contacts Association) que la fiabilidad y la velocidad de la conexión de banda ancha no constituyen un problema, mientras que para otros esta sigue siendo su preocupación principal.

Puede que la respuesta a esta paradoja se encuentre en el hecho de que una conexión de banda ancha de buena calidad es un requisito previo para trabajar desde casa de forma eficaz, por lo que quienes dirigen las operaciones de forma satisfactoria lo habrán tenido en cuenta a la hora de elegir los lugares de contratación. ¿Cuánto aumentaría la velocidad de expansión de la revolución del trabajo desde casa si hubiera un acceso universal a redes de banda ancha en todo el Reino Unido?

El Reino Unido es una nación digitalmente inteligente cuyos ciudadanos son los usuarios más activos de Internet de las cinco economías principales de Europa, pero aún así sigue estando por detrás de Alemania y de España en materia de cobertura de banda ancha de alta velocidad. Esto se debe a que solamente dos tercios de la población tienen acceso a una velocidad superior a los 30 megabits por segundo.

La inversión en banda ancha desempeña un papel fundamental a la hora de ayudar a la economía a recuperar el crecimiento, de generar un crecimiento social y económico sostenible y de fomentar la innovación. Aún así, un tercio de los proyectos de banda ancha de alta velocidad financiados por los contribuyentes todavía no han dado comienzo, lo que supone una amenaza clara para el objetivo fijado por el Reino Unido de conseguir una cobertura de banda ancha de alta velocidad en Europa para el 2015.

En estos momentos de austeridad, trabajar desde casa es sumamente recomendable, puesto que ofrece beneficios para los trabajadores, la economía, las empresas, los clientes e incluso el medio ambiente. Los miembros de la Asociación de Contacto con el Consumidor están al frente de algunos proyectos piloto interesantes en materia de trabajo desde casa que han ofrecido resultados muy sorprendentes. Ya se está llevando a cabo la fase siguiente, que sin duda será igual de fascinante.

Alerta: no siempre funciona

En esta fase cabe considerarse la posibilidad de que las personas hagan gala de trabajar de forma flexible cuando realmente no es así. Andy Lake, asesor y autor de varios libros, confirma esta teoría. Realiza visitas a empresas, les habla del trabajo flexible y estas dicen que ya lo están aplicando, pero cuando investiga un poco en profundidad se da cuenta de que no es así.

En parte se debe a la cultura en la que se encuentran. Incluso la política gubernamental del Reino Unido contribuye a la causa, pues desde med ados de los 2000 la ley ha fijado que las personas con hijos de menos de 6 años pueden pedir trabajar flexiblemente si el negocio se presta a este modelo. Más tarde se ofreció esta posibilidad a todos los trabajadores.

Volvamos atrás un segundo. La ley estipulaba que alguien podía solicitarlo («solicitar» no quiere decir conseguir) si su situación era excepcional. Este tipo de gobernanza corporativa se rige realmente por las excepciones y, sinceramente, no funciona. Si quiere aplicar la flexibilidad en toda una organización y conseguir resultados, entonces no puede empezar dividiendo a los empleados en «quienes pueden trabajar de forma flexible» y «quienes no».

Lake afirma que la otra cuestión es la flexibilidad parcial. «Puede proceder de la tecnología o puede proceder del departamento de recursos humanos, pero no se han integrado», indica. Por este motivo, algunos de sus clientes tenían «una serie de iniciativas inconexas que les hacían acabar con una oficina en la que se ha optado por la movilidad debido a que se dispone de la tecnología pero no habían analizado los procesos, lo que hace que no se trate de un trabajo realmente flexible». No se gestiona desde arriba, por lo que no está realmente integrado, señala.

Además, el hecho de que a menudo se base en las excepciones tampoco es un punto positivo.

Problemas de flexibilidad

La gobernanza por excepción constituye un problema, puesto que todo el mundo necesita poder trabajar flexiblemente, no solo quienes cumplen unos criterios determinados.

Tiene que proceder de la organización en su conjunto, no solo de recursos humanos o de la tecnología.

Los procesos son igual de importantes que la tecnología.

Ámbitos de actuación
para profesionales

Entienda que no se trata simplemente de otro de esos cambios irritantes que hacen los directivos de vez en cuando, sino de una forma de situarle a usted y a sus necesidades firmemente en el centro del lugar de trabajo.

Entienda el tipo de persona que es.

Participe activamente en las encuestas sobre el lugar de trabajo, porque es ahí donde realmente puede decir lo que necesita cambiar. Si se trata de una empresa de calidad, realizarán la encuesta más de una vez, pero es probable que la primera sea la más importante.

Aproveche al máximo toda la formación que se ofrezca y dé su opinión, siempre, puesto que necesitan saber si está funcionando.

Al igual que los gerentes, disfrute del proceso. Esta es la parte de su carrera en la que su trabajo es más divertido que nunca.

Ámbitos de actuación
para directivos

Organice o provoque un cambio general en toda la organización. Recuerde que debe abarcar los ladrillos, los bytes y los patrones, aunque puede que no en la misma medida. Los patrones es lo que más tiene que cambiar para que el resto empiece a ofrecer resultados.

Asegúrese de que ofrece liderazgo a través de la comunicación, de la confianza y de una comprensión detallada de lo que es su organización y de lo que necesita ser.

Descarte la idea de recursos humanos, de lo que se trata es de la realización humana y está ayudando a las personas a alcanzar su potencial.

Encueste, aplique, encueste, repita. Con regularidad.

Establezca nuevos comportamientos tanto entre los gerentes intermedios como entre los directivos.

Forme a los asociados o al personal.

Disfrute del proceso, esto debería hacer de su negocio un lugar mejor.

Epílogo

EVOLUCIÓN DEL CONCEPTO DE RECURSOS HUMANOS

Los autores de este libro quieren dejarle con una última reflexión: los nombres de los departamentos cambian con el paso de los años. Lo que antes eran quejas ahora son «relaciones con el consumidor», un término más reconfortante. Lo que antes era personal ahora son recursos humanos.

Suena muy bien, hasta que nos ponemos a analizarlo. Ya no somos personas, somos recursos. Los recursos son algo que se utiliza hasta que se agota y, cuando se ha acabado, te deshaces de ello. Nosotros opinamos que las personas no son para nada este tipo de recursos, pero las empresas pueden tratarlos como tal en el peor de los casos. Si hay algo claro en esta situación es el equilibrio entre las personas y la organización. La empresa, el negocio social, la autoridad local o sea lo que sea para lo que trabaja es algo importante (no somos un par de hippies idealistas que intentan oponerse a la autoridad). No obstante, somos conscientes de la importancia de los individuos, de la persona que puede desarrollarse dentro de una organización. Alguien que pueda encontrar un mejor equilibrio entre su trabajo y el resto de los elementos de su vida, alguien que pueda funcionar como solo él o ella puede hacerlo y alguien que pueda ser la mejor versión de sí mismo.

Este no es un mundo en el que se puedan mascar y escupir los «recursos humanos» como se hace con el resto de recursos.

Este es un mundo en el que las siglas RH ya no se emplean para abreviar «recursos humanos», sino «realización humana».

Este es un mundo en el que una empresa gana dinero al invertir en su gente y al asegurarse de que disfrutan con lo que hacen. Un mundo en el que las personas adoptan técnicas específicas para construir una confianza mutua con sus compañeros. Un mundo en el que el lugar de trabajo sea el sitio elegido por ser el más adecuado para realizar la tarea, y no donde la empresa casualmente paga un alquiler considerable. Este es un mundo en el que se trabaja de forma más inteligente, y es algo por lo que debemos luchar.

Por supuesto que hemos dicho que hay que «luchar». Si este libro viene a enseñar algo, esperamos que sea que nada de esto es sencillo. Hay que evaluar los ladrillos, los bytes y los patrones existentes y, una vez analizados, pasar a los puntos de acción. Requiere una atención detallada a los cuatro espacios de trabajo C (contemplación, comunicación, concentración y colaboración). Se necesitará crear zonas acústicas y garantizar que quienes trabajan desde otros lugares son las personas adecuadas para ello, y existirá la certeza de que nada ha pasado por accidente o de forma ad hoc, puesto que todo requiere una planificación detallada y la aceptación del personal a medida que se avanza.

También debe ser divertido. Esto es algo que nunca se dice lo suficiente y que esperamos que se logre.

Sí, es mucho trabajo, pero conseguir lo mejor de sus empleados y asegurarse de que disfrutan de sus tareas y de sus compañeros durante su vida laboral debería ser para un buen gerente un subidón de adrenalina. El líder debe ser indispensablemente un líder empresarial, pero también una especie de maestro de ceremonias. Podríamos compararlo con un director de circo: habrá momentos en los que todo parece un poco caótico y quien lo vea desde fuera puede pensar que no lo tiene todo bajo control, pero no es así. Usted sabe con exactitud el lugar en el que están los acróbatas y los payasos y está seguro de que saben cuándo tienen que entrar. En este caso sabrá más bien que los expertos están en el lugar adecuado, que los predicadores se encuentran sobre el terreno y que los relatores están explicando la nueva cultura laboral a nivel interno a todos las partes implicadas en la empresa. Puede que estén en la oficina, pero puede que estén en otros lugares. Les ha formado para comunicarse de la forma más eficaz a través de todos los medios disponibles en su organización para que puedan tener en cuenta la falta de lenguaje corporal o de contenido emocional; saben lo que hacen y usted sabe cómo mantenerlo todo a flote; funciona y dará resultados.

Disfrute y ¡díganos como le va!

Estudio de caso: De una antigua discoteca a la sede de Corio en Madrid, diseñada por 3g office

Hoy en día, el límite entre lo personal y lo laboral desaparece. Trabajas donde te apetece, en cafés, estaciones de tren o en casa. Un ejemplo de ello es el proyecto de Corio donde hemos querido que cada espacio se identifique con diferentes lugares de la vida cotidiana idóneos para trabajar en ellos. El resultado conseguido es un lugar en el cual transmitir valores de empresa y otro tipo de experiencias.

Corio es una empresa holandesa de gestión de inmuebles y centros comerciales con presencia en toda Europa, se decide su traslado a finales del 2012.

La nueva sede, situada en un edificio protegido desde el punto de vista de Patrimonio, requería una reforma total para transformar una antigua discoteca en oficinas. El local resultante de 1.200 m2 debería ajustarse a los requerimientos de un edificio BREEAM y el uso y la trazabilidad de los materiales así como, la presencia de iluminación natural fueron importantes en la solución y validación del proyecto.

Originalmente Corio buscaba una oficina con un programa detallado de despachos y puestos en open plan. Las tipologías y la posición con respecto a las ventanas se definían en función del estatus del usuario. Sin embargo, en pleno proceso, el proyecto dio un giro de 180° y se decidió implantar el concepto de oficina flexible, un espacio más amplio y sin diferenciación de tipología ni espacios asignados.

Para el desarrollo de esta oficina flexible se tomaron prestados de otros ambientes, como el doméstico y el industrial, algunos elementos que permitieran crear un espacio rápidamente identificable con el lugar en el que se estaba trabajando, como una librería, un container, los acabados de los techos que son industriales, o un mecano de color.

Se equipó el espacio con taquillas, zonas de valor añadido y salas de reuniones para dotarlo con las opciones de uso necesarias para implantar los criterios de oficina flexible. Incluso los empleados crearon un simpático tríptico para poder transmitir las reglas de las nuevas oficinas.

La apuesta ha sido crear una imagen que recogiera el eslogan que define los centros comerciales que Corio gestiona "The Favourite meeting place".

3g office es una empresa multinacional de servicios de consultoría, ingeniería y arquitectura corporativa. Asesora a sus clientes a conseguir ventaja competitiva a través del diseño y la gestión de sus espacios (Consultoría de Workplace, Gestión de Proyectos, Gestión y optimización de espacios y mejora de la productividad).

Inicia su actividad en el año 2000 en España y Portugal, consolidándose como empresa de referencia en el mercado Ibérico y latinoamericano. Durante este tiempo se han desarrollado más de 2.000 proyectos en más de 25 países. www.3g-office.com

Muriel Altunaga

Estudio de caso: Microsoft
una experiencia de color

La reforma de las oficinas de Madrid , ubicadas en la finca, se inicia en el 2013. Las formas de trabajo flexible se implantan para una población de 720 empleados. El nuevo sistema permite liberar tres mil de los nueve mil metros cuadrados ocupadas por la compañía desde hacía 10 años.

Microsoft lleva más de cinco años implantando formas de trabajo flexible mediante el programa de Workplace Advantage y, lo que es mejor, en los protocoles de la compañía se establece que toda reforma de sede lleve aparejado un cambio hacia este modelo de espacios no asignados. Para ello pone a disposición de sus empleados herramientas de gestión de personal y tecnológicos que les permitan trabajar desde donde y cuando quieran con reglas claras de evaluación de rendimiento y cumplimiento de objetivos.

Los ahorros en espacio que suponía el reducir la superficie destinada a puestos de trabajo tradicionales permitiría acondicionar una nueva zona de clientes. La planta baja estaría destinada a promover los productos Microsoft a través de la experiencia trasladada por la tecnología y por las características del espacio.

La nueva zona de clientes funciona como zona de encuentro. Las salas y espacios de reunión únicas y diferentes entre si, se resuelven entorno a los patios centrales y zonas de café creando un espacio amplio y luminoso que fomenta la comunicación. Las zonas de formación siguen el mismo criterio por lo que toda la planta baja se desarrolla creando un espacio fluido, visible y continuo con los patios, los jardines verticales y la luz como hilo conductor. La variada vegetación, junto a las terminaciones cálidas de la madera, los textiles y el color. aportan calidez y le dan una escala humana y confortable al conjunto.

En las plantas superiores se creó un surtido de espacios de trabajo polivalente que permitiera al usuario trabajar desde donde le sea más cómodo y mejor se ajustara a sus necesidades. Con un código de colores y texturas claramente identificable para cada una de las tipologías, la propuesta se enfoca a conseguir un espacio comprensible, familiar para los habituales y legible para los que no van frecuénteme a la oficina. Todo está cerca y la disposición de los espacios fomenta la movilidad.

El reto de 3g-office era crear un espacio que invitara a estar y a volver a él, conseguir que la sede de la compañía siguiera siendo el lugar preferido de encuentro. Para ello entorno a las dos terceras partes de la superficie de las zonas de trabajo está destinado a espacios de colaboración de todo tipo. Las formas de trabajo flexible permiten trabajar desde, donde y cuando quiera también dentro de la oficina.

Las mediciones post ocupación muestra que la gente sigue acudiendo a la oficina, el porciento de ocupación está entorno al 70% del espacio. Los empleados van, se encuentran, intercambian sus experiencias y siguen trabajando en su casa, en la oficina o en cualquiera de los espacios de trabajo remotos que dispongan. A mi me llena de satisfacción el escucharles decir: ¡Me encanta como ha quedado esto!, su sonrisa es nuestro mejor premio.

3g office es una empresa multinacional de servicios de consultoría, ingeniería y arquitectura corporativa. Asesora a sus clientes a conseguir ventaja competitiva a través del diseño y la gestión de sus espacios (Consultoría de Workplace, Gestión de Proyectos, Gestión y optimización de espacios y mejora de la productividad).

Bibliografía

El objetivo de este libro era ser una obra nueva respaldada por estudios de caso y entrevistas a expertos, pero los autores aseguran que habrían estado del todo perdidos si no hubiera sido por todo el trabajo que ya se encuentra disponible sobre estos temas concretos. Todos los libros y estudios que figuran a continuación se han mencionado en el texto y no dudamos a la hora de recomencarlos como lectura complementaria.*

BICHARD, Joanne; ERILCH, Alma; MYERSON, Jeremy. *New Demographics, New Workspaces.* Gower, 2012.

BOLLES, Richard N. *¿De qué color es tu paracaídas?* Versión de 2014. Ten Speed Press.

BRITISH ASSOCIATION OF INTERIOR SPECIALISTS. *A Guide to Office Acoustics.* 2011.

CLAPPERTON, Guy. *This 's Social Commerce.* Capstone, 2012.

CLAPPERTON y WARR. *The Joy of Work.* Psychology Press, 2009.

COPLIN, Dave. *Business Reimagine.* Harriman House, 2013.

COVEY, Stephen M. R. *La velocidad de la confianza.* Simon & Schuster, 2008.

Crawford Communications. *Speech Impact Course for Virtual Collaboration.*

GOSWAMI, Bijoy. *The Human Fabric.* Aviri, 2004.

HALL, Kevan. *Speed Lead.* Nicholas Brealey, 2008.

LAKE, Andy. *The Smart Working Handbook.* 2011.

LEESON, Annie. *Home Working – Lost in Translation.* Plantronics, 2011.

LEESON, Annie. *The Topology of Work: A Catalyst for Change.* Plantronics, 2009.

LEIGH, Andrew. *El efecto carisma.* Segunda edición. Pearson, 2012.

MCDONALD y ROWSELL-JONES. *The Digital Edge.* Gartner, 2012.

MYERSON, Jeremy y ROSS, Philip. *Nuevos diseños de oficinas: espacios para trabajar.* Laurence King, 2006.

RISNER, Nigel. *The Impact Code.* Capstone, 2006.

Top Companies of the Future. CRF, 2008.

TREASURE, Julian. *Sound Business.* Management Books, 2007.

WARR, Peter. *Work, Happiness and Unhappiness.* LEA, 2007.

* Guy es totalmente consciente de que ha terminado recomendando sus propios libros accidentalmente...

Sobre los autores

Guy Clapperton

Guy Clapperton comenzó en 1989 como periodista en materia de tecnología para más tarde pasar al periodismo empresarial. Ha contribuido en estas áreas a las publicaciones The Guardian, The Times, The Financial Times, The Sunday Telegraph, The Independent y a numerosas revistas. Durante años ha escrito el boletín quincenal UC Insight para el Connected Business Show de Londres, antes conocido como UC Expo.

En cuestión de libros, Guy es autor de Free Publicity for your Business in a Week y más recientemente ha escrito This Is Social Media, que se mantuvo en los primeros puestos de varias listas de libros más vendidos de Amazon durante los tres años posteriores a su publicación en el 2009. Su segunda parte, This Is Social Commerce, salió a la venta en el 2012. En el 2009 también fue coautor de The Joy of Work? con el catedrático Peter Warr. Es copropietario de Working Lives, una red social y un centro de empleo para la comunidad de operarios.

Los libros sobre redes sociales le hicieron entrar en el mundo de las ponencias y desde el 2010 ha sido orador en los medios de comunicación y ha colaborado en 11 países de dos continentes. En el 2011 pasó a formar parte de la Professional Speaking Association (Asociación de Oradores Profesionales del Reino Unido) y a finales del 2012 alcanzó la condición de miembro honorífico.

Si quiere ponerse en contacto con Guy para que dé una ponencia en un evento, puede hacerlo escribiendo a Guy@Clapperton.co.uk.

Guy también es locutor y ha participado regularmente en programas de la Radio BBC de Londres y del Servicio Mundial de la BBC. Actualmente es comentarista en la sección de revisión de periódicos del canal de televisión de BBC News.

Intentó iniciar una carrera como monologuista, pero probablemente no fue más que una consecuencia de la crisis de los 40 a la que no debemos prestar atención.

Philip Vanhoutte

Philip Vanhoutte, que cuenta con una experiencia profesional efusiva de 35 años en el sector de la tecnología de la información y de a comunicación, vive y respira en un mundo de trabajo flexible.

Se formó en Accenture y en Wang Labs como un energético asesor de automatización de oficinas en los años 80, y en los 90 surfeó en las olas de la revolución de los portátiles de Dell. Nunca ha utilizado un ordenador de mesa profesional y ha avanzado laboralmente gracias a un portátil, desde la carretera o desde cualquier lugar al que le lleve su profesión.

A principios del siglo XXI, como Vicepresidente de Marketing Mundial de Sony-Ericsson, introdujo el primer smartphone con auriculares por Bluetooth y alcanzó tanto los beneficios como los puntos decisivos de la conexión constante a través de los móviles.

Actualmente es Vicepresidente Ejecutivo y Director Gerente de Plantronics para Europa y África, y su amor por la tecnología personal y por los complementos se ha convertido en una pasión por una forma más inteligente de trabajar, pasión que ha demostrado en toda la corporación. Durante los últimos años ha investigado y aplicado a nivel mundial nuevos cambios radicales en la oficina para respaldar la tendencia en aumento de trabajar de forma flexible.

Ahora comparte lo que ha aprendido en El manifiesto para trabajar de forma más inteligente y sigue difundiendo el movimiento para dar a los asociados la libertad de trabajar en el lugar y en el momento más adecuados, así como para ayudar a los directivos a identificar el entorno de trabajo apropiado para sus equipos.

Philip Vanhoutte es el presidente de la Junta Directiva de Leesman y en el 2013 recibió un galardón por toda su carrera profesional de la Contact Centre Association (Asociación de Centros de Contacto) del Reino Unido.

Notas

www.smarterworkingmanifesto.com

Notas

....

....

....

....

....

....

....

....

....

....

....

....

....

....

www.smarerworkingmanifesto.com

Notas

Notas

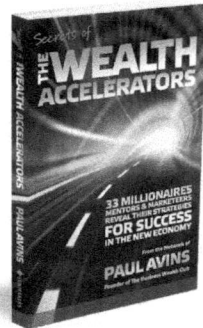

www.ingramcontent.com/pod-product-compliance
Lightning Source LLC
Chambersburg PA
CBHW071534200326
41519CB00021BB/6484